国际学生管理事务研究

林升　董越　著

吉林出版集团股份有限公司 | 全国百佳图书出版单位

图书在版编目(CIP)数据

国际学生管理事务研究 / 林升,董越著. — 长春:
吉林出版集团股份有限公司,2023.4

ISBN 978-7-5731-3302-1

Ⅰ. ①国… Ⅱ. ①林… ②董… Ⅲ. ①留学教育－教
育管理－研究－中国 Ⅳ. ①G649.1

中国国家版本馆 CIP 数据核字(2023)第 094300 号

国际学生管理事务研究

GUOJI XUESHENG GUANLI SHIWU YANJIU

著　　者:林　升　董　越
出 版 人:吴　强
责任编辑:蔡宏浩
开　　本:787mm×1092mm　1/16
字　　数:157 千字
印　　张:6.75
版　　次:2023 年 4 月第 1 次
印　　次:2023 年 8 月第 1 版印刷

出　　版:吉林出版集团股份有限公司
发　　行:吉林音像出版社有限责任公司
地　　址:吉林省长春市南关区福祉大路 5788 号
电　　话:0431－81629679
印　　刷:三河市嵩川印刷有限公司

ISBN 978-7-5731-3302-1　　　　　　　定　价:50.00 元

前　　言

　　国际学生管理事务是高校学生管理的一个重要组成部分,在学生培养方面具有不可替代的保障和支撑作用,随着社会的发展,当今高校学生管理事务在理念、结构、体系、模式等方面都面临着巨大的挑战。开展国际学生管理事务工作,既要立足国内高校实际,积极探索、大胆创新;又要虚心学习,认真研究国际上的先进经验,为我们所用。

　　本书立足于我国高等教育发展的实际,介绍了国际学生管理事务工作的有关情况,内容上从学生管理事务的基础理论入手,以此为指导构建国际学生管理事务的内容体系,在此基础上进一步完善学生管理事务的运行保障和学生的权利保障,学生管理事务是高校学生工作者进行交流对话的重要平台和渠道,所以书中对学生管理事务的背景与对象进行了研究。书中还重点阐述了国际视野下学生管理事务实践研究,通过对国际学生管理事务的体系与评价内容进行研究,分析出值得我们学习的实践经验。最后对国际学生管理事务的发展趋势进行简单分析。本书理论与实际紧密联系,即在思想上、行为上给予学生事务管理人员以指导。本书可作为高等教育、管理类等相关专业的课程参考用书,也可以作为学生事务管理人员的培训书和指导用书。

　　本书在撰写的过程中借鉴参考了相关专家学者的研究成果,在此表示诚挚的感谢!由于作者水平有限,书中难免会有不足之处,希望广大读者给予批评指正!

作　者
2022 年 10 月

目　　录

第一章　学生管理事务理论基础

理论是指导实践的指南。学生事务的有效管理应建立在生态学、管理学及哲学等理论基础之上。学生管理事务理论是指那些针对高校学生管理事务领域所提出的理论，它们被学生管理事务者广泛接受，并成为管理过程中的理论指导。本章将探讨国际学生管理事务不同的理论基础及其变革与发展的趋势。

第一节　高校学生管理事务的理论基础

在高校学生管理事务专业化的历史进程中，产生了以大学生发展理论为核心的诸多相关指导理论。所谓大学生发展理论，是帮助人们了解大学生在大学校园内是如何成长、改变与发展的，以及哪些因素会影响他们的成长方式选择的相关理论。以大学生发展理论为核心的诸多相关理论，为高校学生管理事务的有效实践奠定了坚实的理论基础。

一、生态学理论基础

人类生态学是生态学与社会科学互相联系，互相渗透而产生的新兴学科。主要研究人口动态、人类与环境的相互作用以及人类各种经济活动中的生态学问题。适合于高校学生管理事务实践的生态学观点主要有大学生亚文化理论、个人—环境互动理论、大学生同辈团体影响理论及学生宿舍环境影响理论等。

（一）大学生亚文化理论

大学生亚文化是大学校园内学生特有的价值观念及行为形态。在西方，以大学生亚文化为主题的研究很多，且发展出许多相关理论。主要有以下几点：

1. 文化元素理论

著名代表科尔曼将文化视为诸多文化元素的集合，他认为学生文化主要包括价值、活动、喜好等文化元素。他以其理论背景和文化知识，分析这些文化元素的社会文化意义，强调母文化对学生亚文化的影响，认为只有将学生亚文化安置于较大的社会文化系统中，方能深入了解学生亚文化的真正含义。

2. 文化归类理论

主要代表人物有克拉克与特罗，他们运用大学生必然面对的两个重要实体：知识与学校，作为学生亚文化分类基础，认为文化是指学生团体对知识追求与学校认同的态度。依据学生是否重视知识的追求，学生是否认同于大学，将学生亚文化分为学术型亚文化、社交型亚文化、不顺从型亚文化、职业型亚文化四类。

3. 适应理论

主要代表人物有贝克、伍兹等。他们将文化视为环境适应的结果与反应，认为学生亚文化是学生适应学校环境所形成的观念与行为。例如，贝克等人对医学院学生文化的研究，主张学生文化是学生面对学校适应问题的集体反应，包括观念与行动。

（二）个人——环境互动理论

该理论强调学生个体与学校环境的相互作用，并以个人与环境的互动关系来探讨其对个人行为及发展的影响，主要代表人物有阿斯廷、桑福德、布朗芬布伦纳、罗杰斯、莫斯等。个人——环境互动广义的界定包含社会生态和校园文化，而学生个人的因素与环境的因素两者在相互作用中，决定了学生发展的程度与结果。个人——环境互动理论强调环境在学生发展中扮演着重要的角色，主张学生管理事务者重点加强学生管理事务环境与学习型社区的创设。

阿斯廷的"输入——环境——输出"模型指出，高等教育的"输出"或"效果"是"输入"（学生的特点和经历）与"环境"（学校的学术氛围、社会交往等）相互作用的结果。这一模型使得研究者能够将学校环境因素可能（学生选修的一些课程）从学生的背景特征（学生高中成绩）中分离出来，研究不同因素对学生成长、成才造成的影响。其被美国高校常用来指导高等教育的政策和实践，因为这些研究可以帮助高校确定和了解学校中的某些因素影响学生批判性思维能力和社区服务的参与能力的培养。

桑福德的"挑战与支持"理论是学生发展研究和学生事务实践领域的另一个基石。该理论指出，要想让学生有最大限度的发展与成长，既要让其接受充分的挑战又要给予他们足够的支持，两者要保持较好的平衡。过多的挑战会让学生承受过重的压力，学生会被压垮；过多的支持会让学生懈怠，难以向更高的发展层次冲击。具备适度挑战性又具有充足支持，力求两者最佳平衡的教育和成长的环境最能有效地促进学生的成长与发展。

布朗芬布伦纳的"人类发展生态学"模型是学生发展理论中相对较新的理论，它的主要贡献在于帮助高校学生管理事务者运用生态学的眼光来理解学生发展环境对学生发展和成长的影响。该理论指出学生的发展和成长过程发生在学生所处的一系列情境和关系之中，这些情境和关系的相互作用形成了推动学生发展的力量，如一个学生所处的与学业相关的圈子与他参加体育活动的圈子是相互作用的，共同影响这个学生的发展。通过了解学生所处的或构建的各种各样的圈子，以及这些圈子是如何相互作用的，能够使高校学生管理事务者懂得这些圈子是怎样促进或阻碍学生在认知、人格等方面的成长和发展。

此外，罗杰斯强调个人、环境、个人与环境互动三个层面都可以用认知结构、个人与环境、类型等多元的观点加以界定和评价，以促进环境设计更适合于学生个性化的发展需求；莫斯更将学校环境及学生与学校环境的互动归纳为四种模式，即物理环境模式、群体共同特质模式、组织/结构模式、知觉/建构模式，四者对于了解校园环境与学生行为关系都有不同的功能。

二、管理学理论基础

西方管理学尤其是高等教育管理的研究与发展为高校学生管理事务实践提供了一定的理论基础，对高校学生管理事务具有一定影响的管理学理论不少，这里仅选择其中影响较大的科层管理理论、系统理论及组织管理理论做一些介绍。

（一）科层管理理论

科层体制指像政府机关那样层次分明、制度严格、权责明确的组织模式。我国学校管理改革中推行的校长负责制、教育目标责任制、教师岗位聘任制、结构工资制、管理干部考核制等都是为了健全行政组织的各种机制，提高管理的效率。就高校学生管理事务而言，目前高校辅导员的考评制度、学生管理事务者评估等问题都可以从韦伯的科层组织理论中寻找相应的支撑。

（二）系统理论

系统科学是 20 世纪 50 年代以后发展起来的一组新兴的学科群。其中包括一切以"系统"作为研究对象的科学，它从不同的侧面揭示出了事物本质的运动规律，如系统论、信息论、控制论、耗散结构、协同学、突变论以及电子计算机技术的基础。系统科学是继相对论、量子力学之后又一改变人类认识世界的科学图景和当代科学家的思维方式，可以称得上是人类认识史上的又一次飞跃。

该理论认为社会是一个十分复杂的系统，特别是在开放的环境下，系统的庞大性、复杂性、目的性、不确定性、成长性、适应性、资源的冗余性等特点更为突出。管理者从系统的思想出发，研究人、财、物、时间、空间、信息之间的差异，形成了事物发展的多种可能性，再把约束条件放进去，进而探索出治理社会的一种好的或比较好的管理模式。对教育管理影响比较大的是切斯特·巴纳德、西蒙以及卡斯塔等的系统管理思想。

系统理论和系统方法被引进到教育管理中后，教育管理进入了一个科学化和现代化的新阶段。教育管理中使用的教育预测、教育规划、教育决策、教育质量管理、教育评价等技术和方法都是根据系统理论的原则设计出来的。高校学生管理事务属于高等教育管理的有机组成部分，系统理论引入高校学生管理事务后，管理者可以从整体上研究影响学生管理事务质量和学生发展水平之间的关系和联系，研究各种不同组合方式所产生的不同效果，从而进一步提高管理的质量与水平。

（三）组织管理理论

所谓组织管理，是指运用组织的权力，通过协调组织内部人力、物力和环境，实现组织目标的活动和过程。组织管理理论是以社会组织为研究对象而形成的知识体系。它包括两个基本方面：一是以组织管理为主要内容的管理科学，主要涉及群体管理、团队管理、组织创新以及组织文化等主要内容；二是组织理论，主要是对组织的定义，组织的基本特点，组织的基本形式以及组织与环境、组织结构设计等问题进行研究。这两个方面紧密联系在一起，形成统一的组织理论。组织管理理论是一门综合性的应用科学，它的理论来源包括经济学、哲学、社会学、行为科学、人类学、政治学、数学、统计学等学科。同时，在组织管理实践中获得的经验也是组织管理理论的重要来源。组织管理理论的主要内容包括：组织的目标系统、组织的环境与界限、组织结构、组织行为、组织的群体动力学、组织成员的激励、组织的管理过程、组织的战略、组织的变革和发展等。

满足人的多种需要并建立良好的人际关系，发挥组织成员的创造性，是提高组织效率的重要因素。这一阶段的组织管理理论深入研究了非正式结构、人的需要和动机、个性以及领导方式等问题。当代组织理论继承了科学管理理论和行为科学理论的优秀成果。当代组织理论的发展受到系统科学的很大影响，其主要特点是将组织看成是一个开放的系统，认为组织目标的达到和组织效率的提高取决于各要素之间的关系。主要理论有以美国的巴纳德为代表的社会系统理论，以西蒙为代表的决策理论，以卡斯特为代表的系统与权变理论，以德鲁克为代表的经验主义理论和以巴法为代表的管理科学理论。

组织管理理论有助于指导高校学生管理事务工作者将其运用到学生管理事务的资源分配、决策、领导、组织发展等具体活动中。有些组织理论，诸如政治模式，公开承认外部团体与高等教育机构的关系，认为高校是政治化了的机构，在这个政治舞台上，组织中具有不同价值观和利益的群体围绕决策这一交易过程，为自己的目标从事着政治活动。高校学生管理事务作为高校管理的有机组成部分，必然会受到这种政治管理模式的影响，这预示着学生管理事务必定受到主流社会文化的影响，是具有明确的价值取向的。

三、哲学理论基础

正如史泰麦特科斯和罗杰斯所言："专业的理想形态是知道它是谁，因为它知道它该做什么，知道做什么是因为它知道价值是什么，知道价值是什么乃因为它知道它的信念是什么，这就是哲学的工作。在高校学生管理事务专业化的发展进程中，相关哲学思想和理论发挥了重要的指导作用。对学生事务实务影响尤显重要的哲学流派主要有以下几点。

（一）理性主义

西方 18 世纪晚期启蒙运动以来确立了理性原则和科学精神。理性主义强调人的本性和知识的本性，而不是现实本身的本性。赫钦斯总结了高等教育理性主义的假设，认为"教育意味着教学，教学意味着知识，知识是真理，真理在任何地方是相同的，因此，教育在任何地方应当是相同的。"[1] 理性主义者相信普遍真理的存在，时间显现真理的永久性，认为教育的本质仅仅是智力的开发而已。在理性主义哲学指导下，高等教育的主要目的是智慧的培养，控制学生事务和维持纪律；学生管理事务的目的就是使学生的学习不受干扰。教师希望学生管理事务者确认并吸收有能力的学生到学校，协助他们学得更好，并控制任何导致忽视研究普遍真理与价值的学术因素。不必去关心学生的个性和个人成长，更不必说学生在课堂和实验室以外的活动和生活。对理性主义者来说，只有智力的发展才是高等教育的主要目的，高校学生管理事务的指导方针和实践应当是为学生的智力发展创建一个良好的氛围。

（二）实证主义

实证主义打破了科学知识基本上是完整与唯一的迷失。强调各种专门领域知识的获得，须以实证的方式检测，用感官观察到的事实来陈述真理，任何真理的价值是以证据数量的概率来支持。强调以归纳替代演绎的推理，归纳形态的原则来自事实的搜集和以可能性替代确定。在实证主义之下，教师在教室中培育智能，剩余的全靠学生事务人员，智能与非智能的集合体强调应该形成内部一致与和谐，但结果却是被过度的组织和专门化所取代，致使学生事务方案变得日趋复杂、广泛并独立于课程之外。

（三）实用主义

实用主义鼓励学生利用实践进行学习，并且应用知识去寻找问题的答案，高等教育的课程应当为从理论到实践的应用提供条件。实用主义强调"完整"学生的全面和创造性发展，应当有意识地为学生实践各种知识的有用价值而设计活动，为学生利用知识去处理一

---

① ［美］罗伯特·M. 赫钦斯（Robert M. Hutchins）. 教育中的冲突. 华东师范大学教育系，杭州大学教育系：现代西方资产阶级教育思想流派论著选 ［M］. 北京：人民教育出版社，1980：200.

些现实问题提供机会。实用主义强调的是"有用",对具体和特殊的学生经历比对普遍的真理更重视,让学生以"做中学"的方式担任学生组织的领导角色,获得具体的经验,以此发现价值观和解决问题的办法。正如学者认为学生事务基本上立基于杜威20世纪前半叶提出的实用主义哲学,而主要呈现的哲学与价值论题包括:对学生的观点——全人观点、关注个别差异、协助学生发展动力感;对环境角色的观点——互动观点、情境的关注;对学生事务工作的观点——有目的的、教学与学习的角色、共同合作、强调功能;对社会责任的观点——公民资质的教育、强调绩效责任。

(四)存在主义

存在主义重视人,重视主体行动的人,重视个人的现实存在。认为学生对学习和自身的发展负有责任,在特定的课程、学术计划或者社会学习环境下,每一个学生都为自己确定了自己的学术安排,教师的任务是帮助学生进行学习,课程本身只是为学生提供了自我思考的焦点。基于这一思想,帮助学生成长和发展就取代了对学生行为的控制。在这个意义上说,高校学生管理事务也直接参与教学活动,从而成为一种新的责任,而不再仅仅被认为是课外活动的一部分。存在主义主张让学生自由选择并为自己的选择负责,每一选择都使个体更接近他或她所要成为的人,学生个体可以决定自己的学习和发展。

第二节　我国高校学生管理事务的理论基础

近些年来,随着我国高等教育的蓬勃发展以及对外交流层面的扩大,"学生事务"一词逐步被教育界认知和接受,与国外高校学生管理事务的理论基础不同,我国高校学生管理事务有着自己的理论基础。

一、以儒家学说为核心的传统文化思想

就高校学生管理事务而言,儒家学说的影响是多方面的,其中最主要的表现为以下几个层面:

(1)从哲学层面来看,儒家哲学以境界论为特点,它不是追问世界的实体是什么,而是以实现心灵境界为目的。它与西方知识论哲学取向不同,是活生生的关于"生命的学问"。如果说西方传统哲学注重的是实体世界,那么儒家境界哲学更注重的则是意义世界的建构。如果说,西方哲学宇宙本体论是关于物的,那么,儒家境界哲学则是关于人的,是关于如何"成人""做人"的。它重在活化人生,所关心的主题是如何安顿人生、生命

的意义何在，以及人的价值的彰显。儒家哲学的永久性价值，就在于能提高人的精神境界。

透过儒家境界哲学视野，我们可以发现，儒学"极高明而道中庸"的内在超越精神，把道德从外在的规范提升为人的内在精神需求，在庸言庸行（中庸）中实现天人合一的理想人生境界（高明）。儒家境界哲学在本质上是强调知行合一的，主张一种思想学说应与相应的一种生活实践融为一体。它力倡将道德践履与个体的日常生活联系起来，从人的日常生活入手，认为个体践履道德应在其"日用之间"进行，生活即是提升境界的媒介和手段，也是提升境界的目的和归宿。强调"美德在践履"，人必须行动，人的境界即在人的行动中。

受其影响中国教育历来强调德育为先，"立人""达人"，注重教育学生如何做人，然后孝敬父母、忠于国家。在宣扬道德主体的自觉性时，儒家文化特别强调意志力的磨炼在完善自我人格中的意义。这种理想人格的达成以及内在的修成，对于激励个人完善自我，形成向上的动机，达成个人高尚品质，形成坚强的意志，具有积极的作用。

这种强调稳定、和谐的境界论对高校管理与发展具有重要影响，我国在高校学生管理事务中一贯主张要稳定，辅导员及班主任要主动关心学生的生活与学习，主动介入可能发生的"危机"，强调防患于未然。学校的和谐、学生的和谐则是学生管理事务追求的目标之一。

（2）从社会心理学层面来看，孔子曾说："为政以德，譬如北辰，居其所而众星拱之。"又说："道之以政，齐之以刑，民免而无耻；道之以德，齐之以礼，有耻且格。"中国儒家文化的一个重要传统就是"德治"，根本上就是追寻以德治主义为理想的修己安人的管理模式。德治主义是儒家管理思想的核心。其"德治"包含两方面的意义：一是管理者本身必须具备仁心善性，始可建立仁政王道的政治思想；二是以道德作为管理力量的来源，规范组织成员的根据在于道德。前者是治人者必须有德，后者是以德治人。其德治论以性善论为根基。"道之以德，齐之以礼"的德治，代表一种"自律"。

中国儒家文化的这一重要"德治"传统经过几千年的经验积累，其体系之完善，手段之多样，是十分罕见的，其深厚的历史积淀和强大的穿透力使它对今日人们之影响依然根深蒂固。

因此，从文化根基来看，我国高校学生管理事务注重"德治"具有独特深厚的文化基础与丰富的精神内涵。

这些儒家思想对我国教育的影响非常深远，它潜移默化地渗透到教育理念、教育实践的各个层面。社会对于伦理关系的强调，反映在教育中就是注重尊师重道，强调学生要顺从，要服从社会整体的价值取向，而教师作为社会权威的代表，自然在学生面前有一种毋庸置疑的绝对权威。自从学校产生以来，我国历来对师生关系的定位一直是"师为上、生为下；师为主、生为仆；师为尊、生为卑"，"师道尊严"的传统经久不衰。在这种教师为尊、学生为卑的传统思想的支配下，教师在教育教学过程中地位很高，拥有无上的权威，相对而言，学生没有权利可言，只有对教师的绝对服从和对学校的无条件遵守。教育者忽视学生的主体性和能动性，不将学生看作独立的、有自主意识和人格尊严的社会成员。学生管理表现为对学生行为的控制和约束，以维持学校的秩序和等级分明的师生关系。

需要指出的是，以往的学生管理事务较多强调了管理者的主体地位，而学生的主体性不凸显，不利于学生个性的发展，这也是今后我国高校学生管理事务需要改革与发展的重要方面。

（3）从教育与管理的方式方法层面来看，倡导"学、思、行"相结合，注重人的可塑性，主张因材施教。孔子认为，学思行三者应紧密结合起来，学是求知的途径，也是求知的唯一手段。不仅要学习文字上的间接经验，"博学于文"，而且要多听、多看、多问，以获得一些直接经验。在广泛学习的基础上，孔子强调要认真深入地进行思考，把学习与思考结合起来，"学而不思则罔，思而不学则殆。"而且在学与思的关系上，学习居先，它是基础，是主要方面。孔子还强调学习知识要"学以致用"，要将学到的知识用于社会实践中。由学而思而行，这是孔子所探究和总结的学习过程，也是教育过程，与人的一般认识过程基本符合。这对后来的教育理论、教育实践产生了深远的影响。

同时，儒家强调通过谈话与个别观察了解学生的特点，分析学生间的个别差异，在此基础上实施因材施教。这些反映在高校学生管理事务中，就是强调通过深入细致的教育引导工作，帮助学生树立正确的观念，在教育方法上强调循循善诱、以情感人，强调教育是一种引导和疏导的过程，追求循序渐进的功效。

第三节　学生管理事务理论的发展

学生观是学生管理事务价值观的一部分，是指高校学生管理事务者对学生的基本认识和看法，是学生管理事务者对教育对象的基本认识与根本态度。它是学生管理事务者认识学生的观点、评价学生的标准以及对待学生的根本思想，是调节师生关系的思想基础，是直接影响教育活动的目的、方式及结果的重要因素。

正如我们所知，作为一种发生在20世纪后期的文化思潮，后现代主义是对当今时代的实践和人类自身进行反思的思想运动，是对现代资本主义的文化批判；作为一种思维方式，后现代主义哲学是对传统思维方式的挑战和扬弃①。这种思维方式对当今西方高校学生管理事务产生重大影响。而与西方在社会转型时期所面临的情境相似，当前我国高校学生管理事务所遇到的新形势与挑战使学校的教育环境、目标、所承担的责任和义务都发生了变化，学校和学生之间的关系也发生了转变，更使学生的成分、需求与以前有了差异。这些动态的现实环境对学生管理事务的影响和冲击归根结底体现在学生管理事务者对学生的看法即学生观上。

一、现代学生观的主要内容

现代教育产生在西方近代科学产生之后，特别是工业革命以来，其以科学主义、理性主义为指导，形成了与世界现代化运动相适应即服务于现代化运动的一整套教育观念与制度。

现代学生观是现代教育观的重要组成部分，它的主要内容体现为工具理性的学生生命观、二元对立的学生地位观、追求"完人"的学生发展观及单一的学生评价观等。

（一）工具理性的学生生命观

自启蒙运动以来，理性主义就一直被现代社会尊奉为知识与社会进步的根源、真理之所在以及系统性知识的基础。德国哲学家尼采认为，理性主义的本质归根于把逻辑思维提升到至高无上的地位，而逻辑思维不过是人与外部世界相联系的一种工具。随着理性主义既被视为对象又被视为方法，并且被夸大成唯一的、无限的认识方法，它也就发展成为工具理性。在工具理性的视域中，理性所把握的东西是普遍性的，不以时空条件及个人意志为转移的，而人类生存的意义就在于依靠这种工具掌握和支配外部世界。

这种工具理性在现代学生生命观上体现得淋漓尽致，具体内涵如下：其一，将学生视为"容器"，只需朝里面灌满各种规定即可了事。工具理性所关心的是各种"规定性"，而非具体的人。教育中的德智体等全面发展的内容，主要是指学生符合特定社会目的与集体的工具性的职能素质，并非从其内在需要和生活本体出发的，而所谓的"全面"实际上也就成了限制人的个性发展的枷锁。其二，认为发展学生的理性认知能力是第一位的。现代教育以传授理性知识、发展理性能力作为主要目的甚至唯一目的，对人的非理性一面，即人的情感，意志、价值、信仰等很少予以关注。其三，工具理性相信"宇宙的一切都是有序的"，认为在"科学"的理性的教育目的下，一切教育活动都会按照预先设计好的程序展开。于是，学生的培养过程与产品的生产过程具有惊人的一致性，个体存在的无限可能性消失在抽象的理性规律之中。

---

① 王治河. 扑朔迷离的游戏——后现代哲学思潮研究［M］. 北京：社会科学文献出版社，1998：24.

（二）追求"完人"的学生发展观

遵循这种基础主义的、普遍主义的、表象主义的主张，现代教育崇尚一种追求"完人"的学生发展观，其一，将从某种主流文化背景中推演出来的"完人"作为教育的中心和出发点。这一主张背后隐藏着对主流文化的认同。其二，认为学生的发展随着学校教育的结束而完成。这种发展观假设人能够达到一种完美的状况，这种状况是能够在学校教育过程中实现的，学校教育过程一结束，培养完人的目的也就随之达成了。其三，学生的发展被理解为对"完人"这一标准的无限接近，这样培养出来的人事实上是没有差异的人。

（三）单一的学生评价观

单一的学生评价观的产生与上述的现代教育对工具理性的推崇、对"完人"式发展的追求，以及二元对立思维模式的膜拜，都有着密不可分的关系。

现代教育体系建立于大工业发展时代，为了能在最短的时间内有效地培养大工业生产所需要的标准化知识人才，"教育把受教育者纳入学校教育的生产过程，用统一的教育技术、统一的课程、统一的教育工艺流程，把人制造成标准化的教育商品，并且输送给大工业和经济运行模式"①。因此，现代教育总是追问培养出来的人是否能达到规定的"完人"标准。教师则总是"辛苦"地把学生塞入一种预设好的框架，然后又以他们所期望、所预定的样式为标准来统一衡量与要求学生，而这种样式往往是一种单一的标准——或分数或堪称典范的表现。

单一的学生评价观的产生则进一步强化了现代教育对工具理性、"完人"发展观以及二元对立思维模式的推崇与追求。由于学生评价的指标体系和标准是固定的，并非针对某一特定群体或某一被评内容而设定，因此，即使不同的个体在不同时间、不同空间（也即不同的情境）中的学习结果，却也要接受同样标准的考察和评价。这种单一的评价观强调用一个共同的、普遍的标准，即一把尺子，去要求所有的学生。可见，这种学生观倾向于把学生看成是"类"而不是"个体"，忽视了学生在智力和非智力等方面的先天差异。学生教育与管理表现为忽视学生的不同背景与个体需求，使学生的潜能得不到发挥，按固定的行为模式和标准去要求和判定学生，使学生的实际需要得不到及时满足，压抑了学生的积极性、创造性。

二、后现代学生观的基本主张

后现代主义哲学所讲的"后现代"主要不是指"时代论"意义上的一个历史时期，

---

① 金生鈜. 理解与教育——走向哲学解释学的教育哲学引论［M］. 北京：教育科学出版社，1997：25.

而是表征一种思维方式。后现代倡导以强调非理性、非中心化、差异性、反正统性、不确定性、非连续性以及多元化为特征的思维方式。这为我们重建学生观提供了一种新视角。

（一）"完整"的学生生命观

在后现代主义看来，人性不是单一的理性，而是多元性的理性和多元性的非理性的复合体。教育不仅要发展人之理性，而且要发展人之非理性。教师不仅要认识到教育对象是理性的人，更重要的要认识到教育对象是非理性的人。即要求人们树立"完整"的学生生命观，其内涵在于：

其一，学生是"完整性"的存在。反映在教育方面，后现代主义重视学生的"完整性"，主张使其成为一个既有理智，又有丰富情感的健全的人，而不是被肢解的一堆毫无生气的碎片。认为不能将教育仅仅视为一种传授理性知识、发展理性能力的活动，即不能是一种"满是知识而无心灵的教育"，而应该成为一种生活，一种以精神交流和意义创生为主要目的的人的生活。所谓教育，不过是人对人的主体间灵肉的交流活动（尤其是老一代对年轻一代），包括知识内容的传授、生命内涵的领悟、意志行为的规范，并通过文化传递功能，将文化遗产教给年轻一代，使他们自由地生成，并启迪其自由天性①。

其二，学生是创造性的存在。倡导创造性是后现代主义的一个重要特征。后现代学者认为，人不仅仅是理性的存在，也不仅仅是非理性的存在，而且是创造性的存在物。在后现代视域中，人的生命过程蕴含着创造性，人的生命意义在于不断创造。我们的教育必须呵护学生的创造天性，赋予学生创造的激情，给予学生自由行动的能力，最大程度地开发学生的创造潜能。

（二）差异性的学生发展观

后现代主义认为，"差异是无处不在的"。因此，人们应该做的不是千方百计去抹杀差异、清除差异，而是不断地去发现差异、尊重差异，逐步习惯与差异共处的生活。在后现代学者看来，没有差别的世界是一个孤寂的世界，没有差别的人只是一尊尊丧失个性的木偶。学生的生活是丰富多彩的，个体经验是多元并存的。这表明，学生不仅天生就具有差异，而且在发展过程中也必然存在差异。差异性的学生发展观主要包含以下几方面的含义。

其一，学生是独特性、差异性的存在。每一个学习者都是一个非常具体的人，他有他自己的历史，这个历史是不能与任何别人的历史混淆的。他有他自己的个性，这种个性随着年龄的增长而越来越被一个由许多因素组成的复合体所决定。这个复合体是由生物的、生理的、地理的、社会的、经济的、文化的和职业的因素所构成的，而这些方面对于每一个人来说，都是各不相同的②。因此，教育应该遵循世界的多样性与差异性，接受并尊重

---

① 雅斯贝尔斯. 什么是教育 [M]. 上海：三联书店，1991：3.

② 联合国教科文组织. 国际教育发展委员会：学会生存 [M]. 北京：教育科学出版社，1996：195.

学生的差异。

其二，学生的差异不仅是教育的起点，也应是教育着力追求的一种目标。意大利教育家蒙台梭利曾指出，"教育的目的在于帮助生命力的正常发展，教育就是助长生命力发展的一切作为。"教育对学生成长的帮助应该尊重学生的差异与个性，把促进学生个性和谐发展作为自己的最终目标。

其三，学生具有无限的发展可能。这就意味着，一方面学生是发展中的人，无论在知识、技能、思维、能力方面，还是在思想、道德、行为方面，他们都具有不成熟性，甚至是种种不足和缺陷，而这是再正常不过的事情了；另一方面学生的发展具有多维性。他们身上潜藏着各方面发展的极大的可能性，但由于每个学生的发展都是独特而具体的，不存在一种能使所有学生得到齐步发展的教育，因此，教育不能只关注学生发展的"宏大叙事"，更重要的是要关注学生发展的"小型叙事"，即关注每一位学生发展的差异性，真正做到因材施教。

（三）多元化的学生评价观

这是后现代学者所主张用不同的标准去要求和评价不同的对象。任何存在的东西都是真实的，没有什么东西比别的东西更真实。本体论上的平等原则要求摒弃一切歧视，"接受和接收一切差异"。这也就为多元化开辟了道路。"后现代主义强调每个人之间的差异，主张'去权威''去中心''拆结构'，其核心思想可归纳为：承认异质的平等观。"

在后现代主义看来，不存在具有普遍本质的个性，因此必须强调维护学习者个性的多样性和差异性的教育，反对从单一理念出发去关照世界、解释世界的做法，宣称所有的方法都有自己的局限性，不存在千古不变的教条，主张教育活动中的关系是极其复杂的，受教育者的发展具有多种可能性，是多方向的、可选择的。"严格来说，教育者面对多少个学习者，他就必须建立多少种不同性质的关系，发出多少种不同的影响，接受多少种不同的评价。"[1] 因此，后现代主义者主张必须允许任何方法、容纳一切思想、摆脱僵化的形式理念，从个体的差异性、多样性出发开展开放的、多元的教育与评价，培养具有丰富内容的自由个性的个体，使个体从限制他的现代理性以及与这种理性相联系的社会禁锢中解放出来，"使教育成为能动的解放式的教育"。

具体而言，后现代主张在学生评价上应尊重学生的天性，认识到学生发展的多向性、差异性，采用多元化的评价标准和评价方法，既能关注学生个体差异以及发展的不同需求，又能促进全体学生的素质提高。

三、后现代背景下的高校学生管理事务理论的发展

---

① 刘复兴. 后现代教育思维的特征与启示 [J]. 山东师大学报（人文社会科学版），2001，（4）：11-13，16.

（一）高校学生管理事务的理念：从理性至上到以人为本

受传统理性主义思维方式的影响，长期以来，我们的学生管理事务秉承的是一种以定额定量指标为目标，注重效率的工具理性主义的管理理念。在这种管理理念下，学生管理事务以服务学校为工作导向，强调权威，即学生对教师的绝对服从和对学校的无条件服从。学生管理事务的基本思路是严格管理，目的是把学生约束、规范到正确的行为方式上来，防微杜渐，确保校园的稳定，为学校服务。在整个大学生活期间，他能够循规蹈矩，严格遵守学生管理制度的各种规定，能够按照大学的要求，圆满地完成学业。

后现代主义认为，大学教育的真谛在于弘扬学生的个性，培养富有创造性的"完整"的生命个体。因此，传统的学生管理事务必须改革，以人为本理应是高校学生管理事务的价值取向。这种以人为本的管理理念的要旨在于以下几点：

其一，学生管理事务的宗旨是服务人、发展人。从学生需要出发，学生管理事务组织应该"去中心化"，改变传统的学生管理事务中学校、教师与学生处于管理和被管理的对立格局，"强调一种朝向人的、水平的管理风格，而不是朝向任务和功能的管理"①。学生管理事务应该反映大学生的合理需要，爱护他们的人格与尊严，指导他们的学术与个性发展，激励他们不断进步，向他们提供各种可能的、必要的服务与帮助，以全面实现大学教育的目标。

其二，平等地对待每一位学生，促进每一位学生的个性发展。每个人由于具有不同兴趣、不同爱好，以及不同智力和人格发展水平，其发展需求也是千差万别的。后现代主义强调多样化、分权化和边缘性，强调人的非理性、差异性和创造性。这启示我们在学生管理事务中，一方面必须尊重学生的个性差异，促进学生的个性发展，根据各个学生实际水平和需求，因人而异地进行教育和管理。既要把学生当成完整的独特的生命个体来看待，关注学生的需求，尊重学生的个性，针对学生的个性差异，注意个别引导，因材施教；另一方面，更要平等地对待每一位学生，关心每一个学生，尤其是那些学业成绩不良的学生、被孤立和拒绝的学生、犯过错误的学生等，从而提升每一个学生的生命意义。学生管理要在维护学生的利益、幸福和促进学生的自由发展的前提下发挥其最大的潜力，在尊重人、关心人、理解人、鼓舞人的基础上管理人。

其三，与时俱进地反映学生的需要。既然学生管理事务的宗旨是服务学生，促进其发展，那么及时关心学生的学习、工作和生活等各个方面的情况，了解并满足学生的合理需要就应当是学生管理事务的应有之意。值得一提的是，解决学生个体需要与保证学校教育的方向和目标之间并不是对立关系，相反，在满足大学生主体需要的过程中进行教育和管

---

① 游敏惠. 浅析后现代主义对高校学生教育管理的启示 [J]. 高教探索，2006（1）：47-50.

理，其效果会事半功倍。而且，通过教育与引导，还可以进一步明确和提升学生内在需要的方向和层次。

（二）学生管理事务者的角色定位：从权威的代言人到平等中的首席

后现代主义主张教师与学生应该结成一种主体间平等对话的关系。这也就意味着学生管理事务者需要重新定位自己的角色，实现从管理学生、支配学生到主动为学生服务的角色转换，从权威的代言人转变为平等中的首席。其要义在于以下几点：

其一，尊重学生的主体地位。后现代学者主张学生管理事务者和学生发展一种主体间的对话关系，这种关系将更少地体现为有知识的教师教导无知的学生，而更多地体现为一群个体在共同探究有关课题的过程中相互影响。依据这种对话关系，学生管理事务者应该找准自己合理的定位，超越以往教师权威的单一视角，从各种权力话语的潜在影响中解放出来，尊重学生的主体地位；学生管理工作应强化"服务意识"，为学生创造一种良好、和谐的环境，以协助、辅助和促进学生的成长。

其二，实行"平等对话"的教育管理模式。后现代主义推崇"对话"，要求以交往主体形式取代中心主体形式，提倡建立不同观察者和认识者之间的平等对话关系，最终实现主体的共同发展。这启示我们要改变传统的教育模式，学生管理事务者要从"绝对权威"中走出来，与学生平等相处。不再只是"独白式"地讲授有关知识或者思想观念的灌输者、说教者角色；不再从学生管理事务者这个"绝对的自我"出发去安排教育活动，而要尊重学生的主体地位，用"对话"的方式展开教育活动，实现师生之间双向的相互作用，在"平等对话"中实现理论的提升、方法的指导、思想的启悟和精神的升华。

其三，树立新型的教师权威观，确立教师"平等中的首席"地位。值得注意的是，后现代主张消解学生管理事务者的权威代言人角色，并不意味着学生管理事务者和学生在教育中的角色作用的完全同一，更不意味着学生管理事务者和学生丧失各自的独特地位和区别性。从现实的教育和教学活动中我们知道，学生管理事务者和学生在任何情境中都会在年龄、经验、知识和社会成熟等方面存在较大差异。这些差异也正是教育和教学活动在人类社会中得以存在的客观依据之一。因此，学生管理事务的重点和方向已转变为学生学习的帮助者、促进者和启发者，已从独奏者的角色过渡到伴奏者的角色。

（三）学生评价标准：从单一化到多元化

在培养"完人"、注重单一性评价的高校教育中，学生管理事务遵循的是整齐划一、大一统的指导思想。学生管理事务者总是认为学生应该发展成为他们所期望的、所预定的样子。这种重统一、轻个性的模式化管理目标显然不利于每个学生的充分发展。这种单一的学生评价标准造成了我们培养的学生缺乏个性、缺乏独特性，更造成了许多学生在教育管理中受到不平等的对待。

根据后现代主义的观点，在高等教育大众化的进程中，我们不能用单一的培养目标和质量标准来衡量或规范高等教育，也不能用单一的管理标准来统一要求学生。我们必须转变传统的单一的精英型、学术型的学生评价标准，确立大众化形势下的多元的评价标准。

其一，确立多元化的学生管理事务目标。学生管理事务没有预设的终极目标，也不应局限于单一的目标，而应采取宽泛的态度，确立多元化的学生管理事务目标。也就是说，学生管理事务仍然可以注重学生各方面的发展，但并不强求每个受教育者都得到"全面发展"，即符合学生自己的特质和他生活中的特殊性的人。

其二，建立多元化的学生评价标准。学生评价作为对学生发展情况的价值判断，可以引导和控制学生发展的方向，监督和调节学生发展的进程。我们要实现培养目标的多元化，要开展差异性的管理方式，就必须在人才评价标准方面相应做到多元化。在保证学生评价标准的全面性、综合性、基础性和一般性的前提下，尊重学生个体发展的差异性和独特性的价值，从多元化的角度确定不同层面的学生评价指标和标准，激发学生内在发展的动力，帮助其认识自我，确立努力的目标和标准，激励其在更广阔的空间里获得多方面的进步和发展，实现个体的自我价值。在学生管理事务工作中，对于学生的评价，也应有不同的标准，在继续完善奖学金等评奖制度的基础上，可以考虑新设先进个人奖、最佳进步奖、特长奖以及各种精神文明建设等单项奖，加大激励的覆盖面和影响力度，充分尊重学生成长发展的自我选择权利，鼓励学生在规范前提下个性的弘扬，使每个学生都能拥有生存和发展的广阔空间。

（四）学生管理事务方式：从统一性到差异性

现代教育是建立在现代主体观之上的。自西方启蒙运动以来，以普遍人性、人的自由精神为基础所形成的现代教育倾向于采用类似大工业生产的教育方式，即按照统一的规格与步骤培养预设的"完人"。而重群体轻个体是中国传统文化的一个基本的价值取向。这些思维模式与文化传统在中国高校学生管理事务中也深深地刻下了自己的印记——总是趋向于用统一化、标准化的方式来指导和规范学生。这样的管理方式具有集中统一、有章可循的特点，可以避免学生各行其是、任意行事。然而却不会关注培养出来的人是否有个性，是否具有人本身所应该具有的丰富性和独特性。

后现代主义主张尊重差异性、尊重多元性，提倡珍视人的差异性、独特性。这启示我们，由于学生是独特的个体，其差异性是必然的存在，因此学生管理事务方式也需要打破以往的统一性，实行差异性管理。

其一，实行差异性的管理方式。目前，多数高校的校、院（系）、班三级学生管理的工作重点是用严格的校纪校规来规范、约束学生的行为。这种管理方式，一方面由于其以一种强制性态度管束学生，主要用检查、监督的办法规约学生，所以管理的要求很难内化为学生的自觉要求，而且容易引发学生与学生管理事务者的冲突，使管理工作的效率大打折扣；另一方面，由于偏重管理，服务学生明显不足。应该说，服务学生、促进学生发展才是学生管理事务的使命，但是在具体操作上，人们更多的时候过于强调了管理，管住学生成了全部工作内容，而为学生做好服务则往往流于形式或不尽如人意。后现代主义对差异性的强调，告诉我们要改变以往学生管理中仅仅依靠一种模式或一种方法去影响甚至制约所有学生的做法，改变科层制采取统一方式对待事实上有差别的个体，要根据学生的不同个性、不同爱好、不同需求等，有针对性地实施不同的管理方式。诸如，吸纳学生参与自身的管理，这样既可以调动其服务群体的积极性，又可以改变学生在学生管理中从属和被动的地位，增强学生的自我管理。在规章制度管理的同时，更要注重隐性教育和咨询服务。综合运用多种手段，发挥导向、教育、激励、约束、服务、保障等各种功能，立足于教育，辅之以管理，本着服务育人的思想，为学生全面成才服务①。

其二，实行"平等"的管理。这里所谓的"平等"并不是现代意义上的用同一个标准来要求和评价多样性的对象的"同质"的平等，而是指后现代主义所主张的"异质"的平等，即摒弃一切歧视，"接受和接收一切差异"，用不同的标准去要求和评价不同的对象。其对学生管理的重要意义在于，启示我们要倾听各种不同声音，而应该本着为每一位学生服务，促进每一位学生发展的目的，采取合适的方式来实现这一目的。可以针对不同年级、不同特点的学生，采取区别对待的方法，抓好深层次管理、典型对象管理；建立、健全、完善一整套科学、规范、完整的规章制度，以法治校、民主治校。教育方法要改变说教式、灌输式，采用启发式、引导式、激发创造式。管理的手段要从以直接管理为主变为以宏观和导向管理为主，从以教师管理为主变为以学生自主管理为主，从被动式、强迫式的管理变为主动式、民主式的管理，把学生教育的内容内化为学生的需求，不断提高学生管理事务的实效性。

---

① 游敏惠. 浅析后现代主义对高校学生教育管理的启示 [J]. 高教探索，2006（1）：47-50.

第二章　学生管理事务的背景与对象研究

我国现在正处于社会的转型、转轨期，这一过程中出现了很多新的社会特征，如城市化范围及程度的变化、人与人之间关系的变化等。与此同时，我国也进入高等教育大众化、社会化的发展阶段，高校学生整体上呈现出多样化和个性化的发展趋势。研究高校学生管理事务的背景与对象，可以更好地开展学生管理事务工作，这也是革新传统高校学生管理模式的基础条件。

第一节　当前高校学生管理事务的时代背景

进入 21 世纪后，高等教育迈进大众化阶段，社会的转型变革对高校学生管理事务提出了新要求和新挑战。高校学生管理事务既要引导学生肩负起建设中国特色社会主义的历史使命，也要关怀和尊重学生个性化成长的合理需求，引导学生在理想与现实中找到最佳结合点，在社会性与个体性的相互融合中培养责任感和进取心，实现个人价值与社会价值的统一。总体上来看，当前高校学生管理事务的时代背景可归纳为以下几点：经济社会发展新常态；高等教育政策引导在变；大学生的成长发展诉求在变；高校与学生的关系在变；高校评价机制在变。

一、经济社会发展新常态

做好新常态下的经济社会发展工作，必须坚持做到以下三点：

（1）推动经济发展必须按经济规律办事。在当前情况下，发展仍然是推进解决我国所有现实问题的关键和基础，中国经济发展必须保持一定的速度。中国经济发展的新常态，主要表现为以中高速、优结构、新动力、多挑战为主要特征。我们所应坚持的发展是速度、质量和效益相协调、相统一的发展。

（2）发展必须按自然规律办事，努力实现可持续发展。人类可以利用自然、改造自然，但绝不能漠视自然、破坏自然，违背自然规律。新常态下，必须改变粗放式发展，须更加重视资源保护、节能减排，更加突出生态建设；新常态下，生态环境建设成为发展的重要内容，更是改善民生的重大内容；新常态下，发展必须坚持以人为本，更加重视提高人的生活水平和质量。

（3）发展必须是遵循社会规律的发展，实现以人为本的包容性发展。发展的主体是人，发展的目的是人。新常态下，我们必须摆脱对速度的纠结，用更大的勇气和魄力改善民生、推进社会进步与发展，让更多的发展成果惠及广大人民群众。

总之，当前语境下的"新常态"既指经济增长速度将不再保持过去的高速状态，而是将进入中高速的状态，又指国家治理体系与治理能力日益现代化的状态。"新常态"是政治更加清明、市场更加开放、社会更加和谐的状态。这样的新常态将影响着社会生活的方方面面，给各行各业带来深刻的变化。

二、大学生的成长发展诉求在变

大学生在参加高考选择志愿时，已经展现出个人的价值选择，反映了他们的世界观、人生观和价值观。进入大学后，大学生的人生观、价值观进入高速形成和发展阶段，对自我实现的诉求变得越来越强烈，同时也表现为对个人在成长发展中的自主性选择明显增强。在高等教育转型期，大学生成长发展的条件和环境有了新的变化，总的特征是资源获取的可替代性得到了迅速发展，大学生的成才发展诉求呈现出多元化、复杂化、专业化和盼望得到最大限度满足的特征。不同的大学生因个体差异具有不同的成长发展愿望，差异明显；同一个大学生，其本身的发展愿望也是多元化的，立体且富于变化。这些不同，还表现为不同学生总会遇到不同的困难与问题。大学生成长发展诉求的变化、强化，主要体现在以下几点。

（一）生活保障的需求强化

大学生具有基本生活保障的需求，但是这种需求往往不被社会所重视。受传统观念影响，老人、妇女、小孩面临的生活保障问题容易引起关注，而大学生作为新生劳动力，他们中的一部分是贫困家庭、低收入家庭的子女，面临交纳昂贵学费和城市生活支出的较大经济压力。因此，他们一方面寻求兼职打工，获得部分收入应付压力；另一方面希望尽快毕业，找到理想的工作，以减缓压力。所以贫困大学生的困惑、矛盾比较多，难以排解。大学时期是进入社会创造财富和生活自理的开始，如果基本生活保障没有落实，就会导致大学生对自我前途产生迷茫，也会加重家庭经济负担。

（二）学习成才的需求强化

大学时期是提高素质、完善自我最关键的时期，调查结果显示，大学生对于学习和成才的需求特别强烈。大学毕业生在选择区域和单位的要求上，除了考虑收入因素、工作环境，还希望学习交流方便，能够随时充实自己。大学生对于学习成才的需求比其他人更为强烈，在全球化冲击、城市化冲击、市场竞争激烈、知识更新加速的现时代尤其值得关注。

（三）交往沟通的需求强化

在社会转型时期，大学生的交往沟通需求也越来越强烈。从传统社会向现代社会转变的初期，大学生不满足原有的人际交往模式，热衷于信息网络、现代通信的交流；但是经历一段时期之后，大学生对于虚拟化、匿名化的信息交流感觉不满，特别是缺乏人情关怀、真情互助的氛围，使他们觉得过于冷漠。因此，大学生重新产生渴望交往、渴望沟通，追求人与人之间的关心、信任。

（四）希望获得较强的创新能力

创新能力是一个人的核心竞争力。创新是在充分尊重并掌握事物发展规律的基础上，达到一个新的水平的过程。从社会的整体人才需求来看，创新能力的具备已经成为普遍要求。这种需求，反映到大学生身上，就是希望他们通过在大学的学习，增强创新意识，获得较强的创新能力。同时，这也是目前我国高校大力培养高素质专门人才和拔尖创新人才，不断提高人才培养质量的努力方向。

（五）希望民主参与

随着学习、工作与生活条件的改善，大学生对于社会发展的参与愿望越来越强烈。一方面，社会主义市场经济的发展使广大青年意识到利益获取与社会文明的进步密切相关，只有积极推进社会文明、政治民主，大学生的合法利益才能够更好地保障；另一方面，党和政府创造了许多鼓励大学生参与社会民主建设的有利条件。随着社会主义民主政治进程的推进，大学生的社会参与热情逐渐提升，并且慢慢与工作和生活融为一体。

（六）希望个性得到发展

现代化建设步伐的加快，为大学生个性发展和自我完善创造了良好的社会环境。因此，伴随改革开放的进程，大学生个性发展需求也愈加强烈。传统农业时代，青少年被按照长辈的模式塑造；工业化初期，青少年被按照机械和统一的模式塑造；如今的多元化、信息化、国际化时代，青年大学生渴望体现个性，按照个人的特长与兴趣发展。大学生个性发挥需求的增强，是伴随经济发展、社会进步的必然现象。教育工作者应该根据大学生的个性特点和兴趣爱好，在提供服务和教育引导的时候，注意针对性和实效性，促进他们健康和谐地成长。

（七）希望实现综合素质的全面发展

德才兼备、身心健康和知行合一是大学生全面发展的基本要求。人的全面发展不仅仅是整个人类社会的理性追求，也是人类文明社会长期发展的必然结果。在经济社会全球化和网络化、信息化的时代，大学生的价值观念呈现多元化的发展趋势，大学生获得信息的途径多样化，其判断也千差万别。如何帮助大学生实现全面发展的目标，树立起良好的世界观、人生观和价值观，成为高校教育管理工作的重要内容。

现行大学生管理事务主要按高等学校内设管理机构的职能展开，主要是从管理者角度出发的，忽略了学生主体需要，更多呈现出分散状态，客观上造成了对学生需求满足的分割，大学生的成长成才诉求未能得到协调一致的满足，更谈不上超越学生的期望。事实上，大学生更盼望得到"立体式""一站式"的帮扶与满足。

三、高校与学生的关系在变

高校与学生的关系是高校中最重要的关系，指学生因学习、生活需要与高等学校之间形成的社会关系，包括高等学校在履行自己职责、实施教学、开展管理、提供服务和保障的过程中与学生之间形成的一系列复杂关系。高校与学生关系的性质受不同阶段的经济体制、社会管理体制的影响而具有不同的内容，在不同阶段呈现出不同的特点。

在计划经济体制下，国家直接管理高校、高校直接管理大学生，大学生处于自上而下的、层层传导的行政管理"链条"的最底端。高校对学生的管理行为是单一的行政行为，高校与学生关系为行政关系。

在向市场经济过渡期间，国家管理高校的单一模式发生变化，"一竿到底"式的国家行政管理有所退化，取而代之是政策引导、法律规范和行政管理等综合运用的模式。这些新变化，引导社会和人们在认识高校与学生关系时，已开始从整个社会发展和行政法发展的趋势中去考察。

在市场经济条件下，由于学生分担了高等教育成本而又需自主择业创业，高校与大学生的关系产生了质的变化，大学生们对学校的利益诉求愈加明确。首先是教育选择权，表现在一定范围内有选择学校、专业、课程和教师、学习时间和学习方式的权利；其次是参与学校管理，表现在以适当的身份参与学生管理工作的各个环节；最后是对自身人力资本的支配权，缴费上学、自主学习、自主择业、自主创业，大学生自身所形成的人力资本属于学生本人，自己掌握命运。

四、高校评价机制在变

人才培养、科学研究、社会服务、文化传承创新是高校的四项基本职能。评价高校，主要是对其人才培养质量和社会服务能力的评价。这两大方面也在发生变化。

(一) 人才培养质量评价机制更加完善

应用型人才培养质量，是教育部本科教学工作审核评估的重点。在这个评估中，人才培养目标的适应度、学生和社会用人单位的满意度直接指向人才培养质量的评价。

高校人才培养质量评价方式方法的改变需要构建开放式的大学生管理事务模式。高等教育的发展已经形成了较完备的内部质量评估体系，但这种重在考核学校教学管理工作实施过程的方式，与社会的实际需要已经产生了严重脱节的问题。这是一场革命性的变化，高等学校必须认真研究第三方机构的评估，主动适应，积极接轨。

(二) 社会服务能力评价机制更加合理

高校服务社会体制机制主要存在以下问题：一是服务地方经济社会发展的意识在整个学校、管理者和老师中未完全深入人心。二是高校科技创新与经济增长的结合存在障碍，产、学、研还没有形成有效的结合机制。因此，提高高校服务社会的能力必须加强高校服务社会体制机制的协调优化性。事实上，当前已经形成了更广泛的共识，要把是否推动经济发展和社会进步作为评价科研水平高低的重要指标，要把科研成果产业化、社会化的现实状况作为衡量科技质量的重要标尺，在实践中确立起以服务需求和提升创新能力为导向的社会服务能力评价机制。

第一，必须坚持学校的社会服务工作的方向性和目标性，即从总体上服从学校的总体布局，坚持有利于人才培养、有利于教学、有利于提高科学研究水平、有利于加强教学科研队伍建设、有利于增强学校总体办学能力的基本原则，统一规划、推进高校的社会服务工作。

第二，要结合高等学校所在区域的特点，主动对接本地区、本区域经济发展的需求，进行学科专业调整，增强人才培养的融入性、适应性。

第三，对接区域内经济发展需要，以进行科研主攻方向的调整，引导学校和老师将科学研究、技术开发、发明创造聚焦于本地区的社会经济问题、技术问题，进行应用研究、科技咨询和服务工作，使高校的科学研究方向、办学特色最大限度地与本地区经济社会结构、经济社会发展同向而行。

第四，必须创造有利于科技创新服务社会的体制机制环境，鼓励老师们多走出校门，多走向社会，多联系实际，多了解社会经济发展需要，因需研究、因需立题。在地方高校转型发展的过程中，大学生适度参与科研活动是必不可少的内容，更是人才培养的重要环节。

第二节　当前高校学生管理事务对象的特征

随着我国高等教育的全面展开和扩招制度的实施，高校中的学生人数、质量和环境复杂度都在发生变化，以过去的方法来开展学生管理事务工作得不到良好的效果，且由于不适应新一代学生的个性发展需求易导致学生与制度对峙的现象出现，所以了解现代大学生的特点，有条件地尊重其个性发展，以此为基础来修改或完善学生管理事务工作会为高校带来更多益处。我国学生管理事务工作大致沿着"政治教育——管理学生——学生管理——发展服务"这一路线不断调整和改进工作范围。仅就学生管理事务的对象来讲，则经历了从"学生"到"事务"再到"学生"的过程，即从"人"到"物"，再从"物"到"人"的过程。大学生群体是一个典型的社会化群体，他们的年龄特征、生活经历等因素的相近性使他们往往更容易在群体内表现出一种集体认同感，这使该群体特征表现出某种更为明确的一致性。

第三章　高校学生管理事务内容

高校学生管理事务内容完善是一个不断发展的过程。从早期因现实需要从学术事务中独立出来，到高等教育大众阶段的快速发展，学生管理事务内容经历了一个从无到有，从幼稚到成熟，从定位模糊到职责明确的发展历程，至今已经发展为一个内涵丰富的知识体系。基于当前各国高校学生管理事务的理论与实践，以提高学生学术水平，培养学生养成良好的道德行为习惯，增强学生社会交往和沟通能力；加速学生领导能力的形成和发挥，促进学生的全面发展为原则，可将学生管理事务内容概括为人格教育、行政管理、成长辅导、生活服务、素质拓展五个类别，另外与中国国情相适应，学生管理事务在内容上还有相应拓展。

第一节　人格教育

人格一词来源拉丁文，意思为"面具"，后在英语中意为人存在的状态、个性的存在。

我国学者认为，人格是指导个体在其生活历程中对人、对事、对己以及对整个环境适应时所显示的独特个性，此一独特个性系由个体在其遗传、环境、成就、学习等因素交互作用下，表现于需求、动机、兴趣、能力、性向、态度、气质、价值观念、生活习惯以至行动等身心多方面的特质所组成。在我国，人格教育一般称为思想政治教育，具有鲜明的社会特征。

当代人格教育包括四大部分的内容，第一部分是关于自我意识的教育；第二部分是关于人格深层的心态结构的教育，包括需要、动机、情感方式、意志特征等因素；第三部分是关于人格表层的价值态度结构的教育，包括思维方式、道德价值体系、社会角色意识等内容；第四部分则是关于人格外层的行为结构的教育。具体而言，人格教育的内容还可以细化为人生观教育、品性教育、审美教育、劳动教育、自我认知与发展教育等几个方面。这几个部分是相互联系的统一体，共同构成了人格教育的内容体系（见图3－1）。①

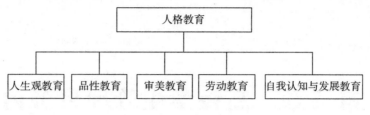

图3－1　人格教育的内容

一、人生观教育

人生观是人们对人生的总的看法和根本的观点，是人们站在一定的理性高度，概括和总结人生的各种问题，形成对人生的主要问题的观点。它是由人生目的、人生价值、人生态度等基本内容构成的有机整体。

大学生正处在人生观的形成乃至稳固时期。这个阶段，他们最迫切、最认真地关心人生态度、生活方式、生存价值等一系列问题。而一个人在大学阶段，其自身的自主性和独立性逐渐增强，价值观、人生观形成则主要依赖于无意识的学习榜样、效仿榜样，即同学和教师的潜移默化作用。且到目前为止，学校教育仍是大学生人生观教育的主渠道，并具有明确的社会主导性、系统性和可控性。使得人生观教育更具时代性和现实性。

在高校学生管理事务中，首先要配合课堂教育与实践教育，增强大学生的责任意识，明确对自己、对家庭、对他人、对国家所应承担的责任，并把这种责任落实到自己的学习和生活中去，把内涵丰富广泛的爱国主义具体化、层次化，从细小处出发逐渐上升和深化，形成一个可操作的体系。同时，还应教育大学生把远大理想与个人现实目标相结合，从大学生个人的、近期的、具体的事情出发，逐步提高思想觉悟，升华精神境界。因此，高校学生管理事务者要不断增加人生观教育的理论内涵，同时，不断赋予人生观教育以新的时代含义，避免空洞的道德说教，还应培养大学生自觉、成熟和正确的价值观与道德态度；形成与现代社会相适应的和谐生态信念，自由、民主、平等、公正、参与的社会公民意识，奉献与自我实现相结合的人生价值信念以及诚信、友善、负责等道德品质，学会用关爱和负责的方式处理与他人、社会和自然环境的关系以及与现代社会相适应的思维方式和价值实践方式。

二、品性教育

品性，即品格与德行。对品性的定义包括：（1）核心的道德价值观。如关心他人、有

---

① 李虎林. 当代人格教育的理论求索与时代建构［D］. 兰州：西北师范大学，2006.

同情心、诚信、公平、责任感、尊重他人等；（2）积极的个性特征。包括勇敢、乐观、与人沟通等。使学生形成良好的品性，使他们能充分发挥自身的智力、个性以及社会性，是人格教育的重要目的。

教育是人的灵魂的教育。目前，教育在市场经济和功利主义的冲击下，反其道而行之，重智不重德，重才学不重品行，背离了教育的方向。大学不仅具有教学和科研的职能，更重要的是具有社会领袖的职能，即成为造就学生心灵——造就公众心灵的"圣殿"。所以，大学的本质首先在于品行的培养。2001年，国外教育部出台了"不让一个孩子掉队"的政策，在这一政策中，国外教育部提到了该部门这届任期内的六大目标之一就是在全国范围内，加强对学生品性发展的教育，"支持品性教育，加强对各州和学区用于品性教育的拨款，以培训教师学会将各种品性养成的课程和活动引入课堂"。① 同时，在品性教育的改革中，将品性含义发展为品格和个性，不仅仅注重美德的培养，而且着力于培养学生健康的个性，成为有品性的现代公民，同时应当是一个坚强、独立、乐观、豁达的人，善于沟通，要乐观、积极地面对困难，富有创造精神与团队合作精神。

三、审美教育

随着现代科技和经济的迅猛发展，人们的物质生活得到巨大满足，同时精神世界的审美需要也就显得尤为重要。一定的审美素养是每一个现代人，特别是高校大学生必备的素质。蔡元培认为，健康人格是"以受教育者为目的与本体，注重受教育者身心的协调、知情意的统一，追求个体和群体的一致，努力使受教育者在德育、美育、体育、智育和世界观教育五方面和谐发展。"② 由此可见，审美教育是人格教育的基本内涵，即通过教育帮助学生追求和塑造真、善、美的人格。审美素养是大学生"精神成人"的必备素质。审美素养可以帮助他们正确认识和疏导各种压力，以一种审美的眼光、陶冶的情感去净化各种诱惑，涵养一种超脱的精神，以开阔的胸襟走向审美的生存，促进自身的全面协调发展。

对大学生进行审美教育，就要培养和提高学生感受美的能力、鉴赏美的能力、学生表现美与创造美的能力，进而培养和提高学生追求人生趣味和理想境界的能力，要使大学生具有发现和创造美好生活的基本能力，从而努力追求高品位的生活、高境界的人生。这一点不仅是学生个体生活幸福的需要，也是现代社会发展对教育提出的时代要求。同时，现代高校学生管理事务者要通过大学氛围与校园文化的构建来达到学生审美教育的目的，避免美育主要通过文艺类学科实施的狭隘思路，将大学生美育与丰富多彩的校园文化建设有

---

① 童婷. 当代美国品性教育的实践探索及对我国的启示 [J]. 教学月刊, 2007 (7): 60-62.
② 吴桂韩. 论高校人格教育与学生健康人格培养 [J]. 北京青年政治学院学报, 2007 (4): 57-61.

机统一起来。

四、劳动教育

劳动是一种有目的、有计划、有组织地培养受教育者多种素质的教育活动，是融德育、智育、体育、美育为一体的全面提高学生素质的综合性教育①。按照马克思主义的观点，教育与生产劳动结合是培养全面发展的人的唯一方法。劳动教育可以使人格教育的目标（如劳动观点、态度、习惯和职业道德等）落实在学生的劳动实践中，而且内化为学生品德。在大学生中开展劳动教育，能有效地调动人的各种潜能，在实践中创造性地分析问题、解决问题，有助于培养大学生创新意识、创新精神和创新能力，使他们得以全面发展。

在国外不少高等学校均设立了劳动课程，引导年轻人去认识工作和经济世界，对学生实施全面的劳动、经济与技术方面的教育，使之熟悉与经济与家政密切相关的生活情境及职业技能，培养学生独立自主的能力和高度负责地从事生产和劳动，从而学生进一步学会正确选择自己的职业，使其有能力在受技术和经济影响越来越大的社会中谋求发展，是学生人格教育与素质教育的重要组成部分。作为人格教育的重要组成部分，劳动教育应当注重学生劳动实践的多样性，与课外实践等教育环节相结合，增强劳动的智力含量，培养学生在劳动中的创造性与自主性，培养他们在劳动中去体验、去感受、去发现、去创造。

五、自我认知与发展教育

自我认知是青年大学生完善自我个性、发展自身特点、实现自我价值的重要途径。客观的自我认知是大学生健康发展的前提，它能帮助大学生正确地欣赏自己的外貌、性别、爱好，认可自己祖国的文化和社会习俗，对自己的优缺点进行客观的分析，欣赏自己在社会生活中扮演的角色，妥善地听取别人的意见，增强对自身的了解，养成一定的自尊心，并形成稳定的人格特性。大学生自我认知与发展的过程，也是大学生人生观和价值观不断完善的过程。

在学生管理事务中，要纳入大学生自我认知与发展的内容，对大学生进行自我认知教育，帮助他们全面地认识自我与规划人生。全面认识自我是形成正确自我意识的基础，如果一个人能够全面、正确地认识自我，客观、准确地评价自我，就能量力而行，为确立合适的理想自我，并实现理想自我而不懈努力，勇于创造，善于创造，经常有所发现，有所发明，有所革新，有所建树，进而实现个人的全面发展。

---

① 滕青，杨汝奎，方美君. 关于大学生劳动教育的思考［J］. 教育探索，2008（10），33－43.

第二节　行政管理

行政管理指企事业、各种社会团体等的内部管理。高等学校学生事务的行政管理，不是一个严格的概念，在此指学生管理事务内容中行政管理的事务，即学校的学生管理事务部门为实现学校的育人目标，依据一定的机构制度，采用一定的手段和措施，积极发挥管理职能，充分利用校内外各种资源和条件，有效地完成学校的工作任务，实现预定目标的管理活动①。行政管理决定着学生管理事务的运行操作、功能发挥、学生质量、社会形象等方面的问题，关系着学生管理事务最基本功能的发挥与整个学生管理事务的正常运转，是学生管理事务的基本保障。学生管理事务部门在行政管理方面的内容，一般包括招生管理、注册管理、奖学金管理、学生资助、勤工助学、学分规划、社团管理、纪律处分、校友信息管理等方面（见图3－2）。

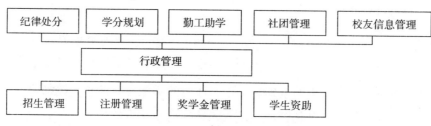

图3－2　行政管理内容体系构成图

一、招生管理

在高校的学生管理事务中，招生管理是最为基础的一个环节。选拔高素质的新生是提高高等学校教育、教学质量的前提，也是高等学校培养合格人才的关键。因为一个学校的生源质量，在很大程度上决定了这个学校的办学层次和今后的发展潜力。

早期大学的招生管理，只是负责检查和记录学生的入学背景和条件（如英语水平和道德品行），进行学生档案管理和注册登记。随着社会高等教育的迅猛发展，高校对生源的竞争日趋激烈，招生管理不再是坐等学生前来报名，而是要走出去争取生源②。

目前，多数高校都已设有主管招生管理的学生管理事务部门，如学生招生办公室或工作部。这些部门不仅要负责对学生进行记录、考察和管理，更要负责把管理延伸至上游，

---

① 匡尹俊. 高校学术管理和行政管理的关系研究［D］. 湖南：湖南师范大学，2004.

② 蔡国春. 美国高校学生管理事务的观点实务及其启示［J］. 黑龙江高教研究，2002（01）：103－106.

对招生过程进行策划和控制，如发动招生宣传等手段，以期吸引更多优秀的生源。招生过程不是分数计算的服务，而是作为咨询服务过程的第一步，向学生及其家庭和高中教师介绍学生在本校获得成功的条件，学校所提供的服务以及学校满足学生教育和个人需求的能力。

在未来的教育市场竞争中，招生管理的改革与发展将进一步体现在学校形象设计、市场策略、专业定位、宣传策略和学校自主权上，主要表现为制定系统的招生宣传方案和策略、加大宣传学校在教学管理和改革方面的内容、体现学校新的办学理念、设计考生家长共同关心的问题版块、树立学校的公众形象等方面。

除此之外，高校在未来的招生管理中，管理者还要把握高等教育改革与发展的新方向，加强教育改革与招生改革的研究，为学校提供招生改革的新思路和信息。如加强专业培养目标，开展对生源素质要求的研究，为建立适应专业发展的招生选拔机制和标准提供切实可行的实施方案；拓展生源市场，扩大生源来源渠道，为建立各类生源的考试录取方式提供参考信息；根据生源市场的发展和变化为学校专业建设和发展提供信息。

二、注册管理

"注册管理"的正式名称是 20 世纪 80 年代出现的。注册是对在校学生新学年学习资格的认定，注册内容包含各年级在校生新学年学籍注册、上一学年学籍变动及奖惩等情况标注，是加强高校学生管理的基础性工作。注册的实施，有助于实现对高等学校学生在校期间全过程的规范化、信息化管理，建立完整的高校学生数据信息库；统计分析高校学生学籍变动结果，促进宏观管理决策。

发展至今，高校学生的注册管理已经开始着重运用信息和计算机技术，称作电子注册。随着高等学校招生规模的扩大，一些不规范的招生行为在一定程度上导致了大学生生源质量有所下降，最后更直接或间接地导致人才培养质量的下降。因此，实现电子注册制度，严格学历证书管理工作，建成高校学生学籍、学历、学年等有关信息的"电子注册"体系，为每个在校学生建立"电子身份证"，遏止虚假招生和招生中介欺诈等不法行为。

电子注册的实行，保证了高等教育质量，维护了国家学历制度和学历证书的严肃性，维护了高等学校毕业生的合法权益。这就要求高校学生管理事务者在进行注册管理职能的同时，对本校学生学年电子注册及数据进行具体采集、校验、核定，制定符合校情的注册管理制度，自觉规范自身工作，保证注册内容的准确和全面，并在此基础上建立可靠的信息保障系统。

三、学生资助

20 世纪 90 年代，高等教育经费短缺已成为一个世界性问题，随着成本分担理论的提出，由受益者分担高等教育成本成为各国政府的通行做法。但由于社会和不同个体间经济发展的不平衡性，高校学生的家庭情况也存在着相应程度上的差异，这给部分家庭学生的求学带来了巨大困难。要在相对高额的收费体制下支撑各国高等教育的迅速发展，就需要有成熟有效的学生资助体系，主要包括对各类奖学金、学生补助和教育贷款等的管理。

奖学金是政府、学校和社会资助机构为表彰和鼓励优秀学生而设立的奖励资金，是高校教育管理的一项重要措施。奖学金制度是关于奖学金设立、评定、发放等方面的制度和规定的总称，是国家高校学生资助体系的重要组成部分。奖学金设立的目的是为了鼓励先进，鞭策后进，刺激需要、激发动机、诱导行为，使学生充分发挥内在潜力，从而推进学生素质的全面提高。除了政府与学校设立的奖学金，基金会、企业、公司、工厂或私人捐助也是奖学金的重要来源。

由于奖学金无法惠及每名学生，因此，学生补助等资助手段也是学生资助体系的重要组成部分。在我国，高校助学措施主要包括以下方面：（1）建立家庭经济困难学生档案库，全面掌握经济困难学生基本情况，增强资助工作的目的性与针对性。（2）对新生开放"绿色通道"。以"减、免、缓"为核心，面向一年级的特困生，实行学费缓交或免交。（3）完善国家助学贷款工作。高校学生管理事务部门要配合发放贷款的银行部门，建立起风险基金和诚信机制，使学费收缴进入良性循环。（4）临时困难补助发放。这是解决学生遭遇突发性困难的应对措施，主要用于帮助由于家庭经济困难或本人的突发性变故等造成的无经济来源或经济来源低于最低生活保障线的学生解决临时困难，帮助学生渡过难关。此外，资助体系中还包括教育贷款。在很多国家，大多数金融机构都开设教育贷款业务。我国在近年来，也开始向在校大学生提供无息的国家助学贷款。

总而言之，在目前教育高收费的背景下，如何将上述学生资助体系的内容有机结合起来，并构建成更为有效的资助制度，渐渐成了很多国家高校管理事务工作中所面临的问题。对此，国外采取了"资助包"的管理办法，即把所有的联邦政府的、非联邦政府的各种资助，如奖学金、助学金、贷学金等混合成一个"包"，合理统筹，公平、有效地帮助学生解决困难，其核心理念是通过规范合理的配置，使每一个学生都获得与其相称的经济资助。该制度的计算方法简单，程序规范，标准统一，可操作性强，值得借鉴。[①]

四、勤工助学

大学生勤工助学活动，也可称为是勤工俭学活动。其内容范围明确界定：勤工助学是为了培养大学生的劳动观念、自立精神和创造能力而开展的校内外各种有偿服务活动，是大学生社会实践活动的一种特殊形式。同时，勤工助学活动还能够帮助家庭经济困难的学

---

① 姜绪范，苏大鹏. 借鉴国外经验建立大学生"资助包"制度［J］. 中国成人教育，2007（12），31-32.

生获得一定的报酬，顺利完成学业，促进学生综合素质的提高。高校在其学生管理事务中，要提倡和支持学生在不影响学习的前提下，利用课余时间从事健康有益的勤工助学活动。同时，还要评定勤工助学活动的利弊，检验勤工助学活动的内容是否有利于锻炼学生的社会活动能力，是否有利于促进学生把被动接受知识与主动消化、运用知识结合起来，是否有利于引导学生树立正确的市场经济观念和法制观念。

高校管理事务部门在理解勤工助学定义时，应注意两点：一是"勤"，必须是诚实、合法、适当的劳动；二是"助"，有助于学生的学业和成长，既能获取经济上的报酬补贴学业，更能从知识上、能力上得到有益的补充，同时还有一定的社会效益。同时，还应适应形势发展，明确其指导思想，在勤工助学活动中培养学生的自我管理、自我教育、自我服务的能力；培养学生热爱科学、热爱劳动、敢于创新、自强自立的成才价值观；培养学生树立正确的市场经济观念、竞争意识和法制观念。此外，负责高校勤工助学的学生事务部门还应该围绕勤工助学的派发程序、社会的投诉处理、奖惩学生等内容来制定规范、合理、切实可行的管理制度，并及时建立人才供需信息库，及时有效地架起供需双方的桥梁，使勤工助学管理走向有序、高效。

五、学分规划

目前，各国大多数的学校都实行学分制教学。这是一种以学分计算学生学习量的柔性教学管理制度，以学分作为学习计量的单位，以取得必要的最低学分作为毕业和获得学位的标准。它于1872年产生于美国的哈佛大学，伴随着选课制的出现和美国高等教育的大发展而逐步确立，因其充分体现"以学生为主体，尊重个体差异，注重个性发展"的教育理念得以广泛运用，并于20世纪后逐渐流行于其他国家。

学分制作为教育体制的一项重要组成部分，并不是单一存在的，它不仅是教学改革的突破口，而且还涉及学校的办学观念、人事制度、分配制度、学生管理、招生就业等诸多方面的适应性改革，是学校改革整个系统中一个关键的联结环节。在高校学生学分制的管理中，无论是选课形式、学制，还是学业评价、学分转换等，均应围绕着有利于学分制实施的基本原则予以设计和管理。这不仅是教学内部的问题，也是学生管理事务部门必须要面对的问题。因此，在教学部门推行学分实践的同时，学生管理事务部门应该加强学分制的配套管理和规划管理，服务于高校教学管理水平的提高。同时，还应培养一支观念超前、意识创新的高素质的管理队伍，保证学分制的顺利实行。以美国的大学为例，其在这个方向的学生管理事务队伍已呈专业化、职业化趋势，培养出大批多专业或者复合型专业人员，帮助在校学生进行课程学分规划和专业定位。

同时，在学分规划的管理中，应注意建立和完善计算机综合教务管理系统，即在学生选课、成绩管理、排课，以及教材管理等方面实现微机化，并利用校园网实现网络化管理，充分发挥计算机在教学管理中的作用，提高管理水平和工作效率，从招生和制订教学计划到经费统筹和使用，以人才为主导，从学生的实际出发，建立起学生事务的管理和服务体系。

六、社团管理

大学生社团是由高校学生依据其兴趣爱好自愿组成，按照章程自主开展活动的学生组织。学校社团作为高校的特殊的学生组织，是高校校园文化的重要载体，是高校第二课堂的重要组成部分。学生社团活动是大学生丰富校园生活，培养兴趣爱好，参与学校活动，扩大求知领域，锻炼交往能力，改造内心世界的重要场所。而随着学校体制改革的不断深化，各高校也注意把学生活动作为大学教育的另一课堂，旨在提高学生综合能力，以充分实现高等教育的目的。高等学校的学生社团也日益成为高校对学生进行教育、管理和服务的重要管理领域。

高校学生管理事务部门对学生社团的管理主要体现在：社团组织的成立要经学校管理机构的批准，并服从学校相关的学生管理事务部门的间接管理。社团活动所需经费也由该社团的主管部门向财务部门申报。同时，学生管理事务部门负责对学生活动具体时间、地点、内容和步骤等给予财力和场地的支持，应社团要求配备教师进行咨询和指导，并相应承担可能引发的责任。

而在实施素质教育的今天，在高校学生管理事务中要做好上述管理的同时，更要切实地发挥好学生社团在提高学生思想道德素质、培养创新精神和实践才能、丰富校园文化生活等素质拓展方面的重要作用，主动出击，围绕学生的成长和成才搞好学生社团的管理和服务，给予社团活动建设在政策、人员、经费、设施等上的支持，真正地、全面地发挥出学生社团应有的育人功能。

七、纪律处分

纪律是在特定的社会环境中、在一定的范围里，全体成员必须遵守的规章、制度。[①]高校对学生的纪律处分是指高校依据教育法律、法规或内部规章制度对违反校纪校规的学生给予的惩罚性行为。我国高校的学生纪律处分包括警告、严重警告、记过、留校察看、开除学籍五种，英美两国学校采用的学生纪律处分形式则要丰富得多，较为常见的主要包括以下几种：（1）警告；（2）没收；（3）剥夺某种特权；（4）学业处分；（5）暂时离开；（6）留校；（7）记入学生档案的处分；（8）停学和开除。

由于社会与经济的快速发展使人们的价值观念呈现多样化的发展趋势，在校学习的大学

---

① 张文显. 法理学 [M]. 北京：高等教育出版社，1999：340.

生也不可避免地会受到一些社会不良习气的负面影响，缺乏法制观念，发生违纪行为，对他人的合法利益、学校正常的教育教学秩序造成不良影响。而学校为了维护良好的校园和学习秩序，就有必要严肃校风校纪，对这些违纪行为进行处理，给这些行为的主体一定的处分。

高校学生管理事务部门在加强违纪学生的纪律处分管理时，则应注意以下两点：第一，加强违纪学生的思想教育管理，对违纪学生进行纪律教育和日常规范教育，提高学生的自觉水平和自我管理水平，使外部规范通过学生的内化，变成学生思想上的规范。第二，保障学生的申辩权与申诉等救济权利，建立健全听证制度与申诉制度，遵守学生处分的正当程序，以更好地维护学生的合法权益。

八、校友信息管理

校友，是教育这一传授知识、培养人才的特殊行业所特有的资源。高校校友，是指曾在同一所高校工作或学习的师生员工，包括学校的领导、教师、一般干部和职工、历届毕业的大学生。按狭义范畴的定义，校友是指在同一所学校接受过系统教育的学生。从广义的范围来讲，可以包括所有在学校学习或工作过的人士，甚至可以将那些对学校发展作出贡献的人士称为"学校的朋友"或荣誉校友，这种做法在世界各地尤其是美国越来越普遍。

从微观层次来说，"校友"首先是一种人力资源，因其在高校中接受教育和培养，也可以被称为"人力资本"；从校友与母校的关系这一中观层次来说，母校和校友的关系是高校公共关系中至关重要的一环，是连接学校和外界社会的桥梁和纽带；从高校对社会辐射力及影响力这一宏观层次来说，校友是使母校的形象深入人心的"渗透因子"，又是高校不可或缺的社会资本。在他们身上，有着学校公共关系的宝贵资源；校友的人格魅力、工作业绩与社会贡献，标志着学校的教育质量；校友在社会上赢得的荣誉，代表着母校的形象；校友的社会赞誉度越高，母校的社会知名度也就越高[①]。此外，在高校毕业生中还潜藏着巨大的财力和物力资源。在高等教育竞争越来越激烈的今天，除了政府的教育投入外，如何更多地筹集到学校发展的资金和争取外界更多的财力支持，是各高校面临的一道难题。某些校友自身拥有的财力和物力资源，可以通过合理有效的开发成为学校拓宽办学经费渠道、增加资金来源的重要组成部分。

在现在的高校管理事务中，毕业生信息管理已经成为一项重要内容。很多高校都已经成立了相关校友信息管理机构，并逐渐加大对毕业生工作信息化的投入，加强信息服务的职能，在高校建立校友网站、校友信息库，并且收集、检索、选择有价值的校友信息，来加强校友与高校间信息的交流。

在今后毕业生信息管理内容中，还应丰富其内涵，增加其延续性、外延性和前导性，

---

① 顾寅生，宋桂兰. 开发校友资源，促进学校发展 [J]. 教育探索，2002 (3)，110－111.

高校可以广结善缘，将各种社会资源纳入到在校生就业辅导与生涯辅导中，如请优秀校友讲述他们的人生经历和在职场的工作经历，使在校生对人生确立明晰的方向，规划和实现自己的人生理想和价值。同时，除关注优秀毕业生的信息外，还应多关注发展遇到问题的毕业生，并加强相关研究，最大程度地挖掘学生成才潜力，促进毕业生的更好发展，提升学校的社会影响力。

第三节　成长辅导

"成长"一词，有两层内涵，一是长到成熟阶段，有发育的意思；二是向成熟阶段发展。对于大学生而言，在校园里的成长，并非仅是一个单纯的形体器官发育成熟的过程，更有自身完善过程的意义。在高校的学生管理事务中，学生管理事务者不仅是组织管理者和协调者、教与学双向交流的信息员，更是学生成长发展的掌航者和教育者，肩负着将国家方针、政策和学校各项规章制度及时传达给学生，并引导学生完善发展、健康成长的重要职责。故高校大学生成长辅导的内容，顾名思义，可解释为通过给予大学生一定的帮助和辅导，着眼于学生个体的内在潜能，根据个体差异给予充分的引导、激励、唤醒和鼓舞，使每个学生的潜能得到最大限度的开发，进而实现大学生的全面发展，使他们成为自主自觉、优化而和谐发展的健全个人。

一、新生辅导

初入大学的新生，入学后会存在一定的适应性问题。适应性，或称适应能力，是指一个人适应环境的能力。许多学生在新环境、新问题面前往往表现为不知所措或束手无策，甚至由此产生焦虑、不安、忧闷、抑郁、孤独等心理不适的现象。

学校教育在帮助和提高人们的适应性方面将起到重要作用。而对于高校的学生管理事务者来说，也应义不容辞地承担起这一责任，对初入大学的新生有目的地进行适应性教育，将有助于提高学生行为的自觉性，使其少走弯路，少受挫折。因此，高校的学生管理事务部门应在新生入学后，通过多种途径指导学生熟悉新环境，尽快地缩小他们与学校生活的距离。同时了解新生，及时地给予调整、指导，使他们走出困惑，达到对环境的良好适应，进而帮助其早日成才。

同时，对新生来讲，对大学的校园资源与规章制度并不了解，这就需要学生管理事务者及时提供专业咨询或专业讲座，对学生就学校的整体情况、规章制度、大学生涯的规划等进行介绍，使学生更快地融入大学学习与生活。

二、学业辅导

学习是大学生接受大学教育的首要任务，但进入大学后，很多大学生会突然发现自己失去了目标，缺少了拼搏进取的动力，没有内在的驱动力量，没有明确的学习方向，从而厌倦与逃避学习，也有的大学生对所学专业不感兴趣，学习中会出现一些"学业不良"的情况。学业不良是指其学习成就与其智力提供的潜力的差距。我国学者曾于20世纪90年代初期提出了与之相同的概念，即通过作为基础性的、潜在性的能力和智力与实际达到的学力之差，我们可以了解学生所拥有的能力是否得到了充分发挥。这是通过与学习潜力的比较来判定学业不良的理论依据。

学业不良的大学生，将面临着多方面的压力，如学业压力、由学业压力造成的情绪困扰以及其他方面的不良影响。同时，任由学生学业不良现象的蔓延，会严重地影响学生今后的发展，也会对高校有限的教育资源造成极大的浪费。因此，在学生管理事务内容中，学业辅导是学生管理事务者作为"辅导者"的首要职责。

学业辅导可以采取教师咨询和学习辅导两种方式。教师咨询由任课教师、指导教师、助教及其他有关人员进行。他们对学生的选课、作业及学习中的具体问题提供意见和辅导，对学生的专业发展和在课程上的学习进行指导，可以针对学生学习的具体问题进行。而学习辅导可以指导大学生合理进行时间管理，制订学习计划、学习时间表，安排好学习时间和其他时间的分配，不断帮助学生审视和分析自己的学习条件和学习环境，调整他们的学习目标。辅导可以采取多种样式，如举办学习技能讲习班、讲座、个人学习辅导等。

三、生涯辅导

关于生涯的概念，不少国外学者曾对其下过定义。是指生活中各种事件的演变方向和历程，包括人一生中的各种职业和生活角色，由此表现出个人独特的自我发展类型；它也是人自青春期至退休之后一连串的有报酬或无报酬职位的总和，甚至包含了副业、家庭和公民的角色。从广义上讲，学校的一切课程与教育性活动都属于此范畴。因为其目的都是为了学生的终身发展；狭义上讲，是指为帮助学生进行生涯设计、确立生涯目标、选择职业生涯角色、寻求最佳生涯发展途径的专门性课程活动。在个体的生存与发展道路上有着不可避免而又无可替代的重要作用。从这个意义上来讲，生涯辅导的内容涉及职业的性质、发展前途、经济收入、就业的难易程度、学生职业兴趣的测定与调查、择业准则和技巧等。

随着高等教育大众化的发展，学生的职业生涯辅导在高校的学生管理事务中占据着越来越重要的地位。

然而，在目前高校就业指导实践中，由于人才培养和就业需求的错位，其效用并没有充分实现。所以，高校有必要提前对大学生进行职业生涯的辅导，使其具备适应社会、适应工作、胜任工作的能力。第一，对大学生进行专业教育。使大学生了解所学专业的性质、特点以及所应具备的必要知识结构，以便对将来所要从事的职业有一个较为清晰的认识，促使他们更加有效地学习，减少盲目性。第二，对大学生进行正确对待其择业的过程和结果，保持进取的心态。第三，引导学生掌握一定的择业技巧，及时抓住就业机会，并学会在法律的范围内，合理地维护自身的职业利益。第四，采用必要的测量工具及信息设备，使学生了解自己的优势和不足，以便及时进行自我完善，也为用人单位根据工作性质选择不同素质的毕业生提供一定的依据。

同时，高校的学生管理事务部门还要加强就业信息网站、就业信息中心和信息发布厅的建设，积极开拓就业市场，提高就业质量，优化就业结构。

第四节　生活服务

1958 年菲德等人通过 ACE 学生人事管理会议提出了"现今普遍知晓的"学生服务项目，包括以下内容：招生录取、注册记录、学术咨询、健康服务、食宿服务、学生活动、经济资助、就业安置、个人咨询、特殊诊断（包括阅读补习、学习习惯、演讲与听力）和特殊服务（包括新生入学教育、老生顾问服务、外国学生项目、婚姻咨询）。

在高校内，生活是日常进行的学习学术和工作之外的各种活动的总称。而高校关于学生在学习和学术活动方面的服务，在本书之前的学生管理事务内容介绍中，已有所涉及。故在本节中，概括高校学生管理事务中与大学生生活密切相关的服务内容，分列为如下几个方面：住宿服务、健康服务、安全服务、体育服务等（见图 3-3）。

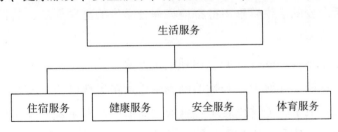

图 3-3　生活服务内容体系构成图

一、住宿服务

大学生集体宿舍是学生相对稳定集中的地方，随着高校学生管理事务的发展，学生宿舍的功能开始有所扩充，不再限于提供住宿和休息起居，而是要发展"住宿服务"这一概念，强调学生住宿对于学生发展的功能。学生宿舍在拥有良好设施的同时，住宿生活对学生教育和发展的功能不能忽略，学校要拥有对学生宿舍更多的支配权，以扩大对学生的教育影响。本文所指的住宿服务就是指高校中有关的学生管理事务部门依照既定目标和规章制度，通过一定的运行机制和思想教育来调节、规范大学生思想的协调活动，促进良好校风、舍风的形成，以达到管理育人、服务育人的目的。在此过程中，把一定的思想融汇到科学的宿舍管理条例制度中，使无形的精神力量变成有形的物质，从而使思想教育更加具体化、形象化。

在这种概念形式下，宿舍不再仅是大学生生活和休息的场所，也是他们学习的园地，信息获取的窗口。住宿的目的除了要为学生提供物质的需要和满足，更应当在学生集体生活和社会公德方面起到积极的教育作用。学生住宿服务内容包括宿舍服务、年度会议及访客服务、学生活动设备服务和联谊交流等。一些高校在进行这方面的学生管理事务时，开始力图建立融住宿和学习为一体的氛围，在宿舍楼中配备阅览室，开辟学生活动场所，在宿舍楼开设有关课程，组织专题讨论，提供学术和非学术性咨询服务，等等。学校引导学生积极参加宿舍活动，通过丰富多彩的高品质住宿生活鼓励学生学习和发展人际关系，培养广泛的兴趣，锻炼组织及领导才能，进而获得成长经验；帮助学生寻求人文的价值，拓宽学生在艺术、人文和科学方面的经验；进行公民教育，增强学生对社会、对他人的责任感；促使学生养成健康的生活方式等。

二、健康服务

确保学生在校健康地学习与生活是高校的首要职责。而大学生正处于生长发育的后期，体格和智力等各方面正趋向成熟，是增长知识和强健身体的重要时期，同时也是良好的饮食习惯形成的重要时期，均衡合理的膳食是大学生身体发育以及完成繁重学业的重要保障。每一所高校的学生管理事务都应该保证学生的健康要求，将健康服务当作学生管理事务中的一项重要内容。

目前，越来越多的高校开始意识到学生健康服务的出发点不仅是医疗，更主要的是预防教育和卫生咨询。相应地，高校的健康服务开始表现出两个趋势：一是预防性服务发挥主要作用，二是卫生服务变得越来越重要。多数高校开始设立健康服务中心，其工作包括开办讲座、散发宣传品、咨询服务等。另外，高校在学生管理事务中，还应该为学生提供各种检测仪器和设备，用以诊断和测量学生的一些主要健康指标。

在今后的学生管理事务中，高校要加大努力，大力推行高校学生健康服务工程，以提高学生的健康水平。一方面，学校要将合理营养配餐纳入健康服务工作计划，对学生在校期间的供餐和营养问题予以高度关注和保障，并依法进行管理，监督和指导高校食堂应尽可能地考虑学生消费层次的差异，在合理选择价位的基础上，为学生提供多种多样、符合营养学标准的早、中、晚配餐。另一方面应加强对大学生的健康教育，给学生讲解营养及配餐知识，为大学生提供科学的营养膳食结构，使他们充分认识到合理营养、平衡膳食的重要性，强化运动锻炼与营养之间的重要关系，改变体质下降的状况，提高健康水平。

三、安全服务

随着经济的快速发展与社会的巨大变化，校园及周边环境的日益复杂导致校园内的不安全因素逐渐增多，大学生随时有可能面对袭来的校园安全危机。安全危机是指由于突发的、具有严重危害性的自然灾害或社会事件，正在或者即将对人们的科研、教学、学习和生活造成不利影响的局面，如火灾、恐怖活动、传染病流行等。为了保障大学生安全的学习与生活环境，确保校园环境的稳定有序，有效的安全服务与对危机进行科学的防范与应对是极其重要的。

因此，在高校的学生管理事务中，管理者应树立安全第一的思想，并适时向学生传授安全知识，指导他们学会一些安全防范和自我保护的技能。诸如：社会交往中要防止受骗上当；遇到险情，发生案件要报警；正确处理同学之间的关系；贵重物品和现金要注意保管；学会和掌握防火知识、灭火方法；遵守交通规则，注意交通安全；既要防止性骚扰、性攻击，也要自尊、自重、自爱。有困惑时应向老师、同学倾诉，听取别人劝说；受到伤害时，要防身自卫和寻求法律保护，等等。

同时，高校学生管理事务部门，还应积极协助校园相关的安全部门，建立危机管理机制，进行诸如紧急援助、失物招领、防火安全、财产保护、护送服务、车辆注册、校园交通管理、访客登记、校园安全隐患排查等方面的管理，以保证学生的安全生活与校园的稳定。

四、体育服务

高校课外体育活动是提高大学生素质的重要途径。引导在校大学生养成体育锻炼的习惯，能为他们树立终身体育意识、能力、习惯，发展各种非智力因素打下扎实的基础。同时，体育活动所特有的竞赛性，又为学生的个性塑造及顽强拼搏精神的培养、爱好的满足、自身特长的发挥提供了条件。

体育服务内容主要包括体育设施的管理和为学生体育训练服务，在组织机构上，大部分高校成立了相关的学生管理事务职能机构——体育运动部，主要负责管理运动设施，提供体育课程，培训运动员及体育运动队，定期举办各种体育活动。体育服务的主要职能首先是负责管理校内的运动场馆和设施。这是学生开展和参加课外体育活动的重要条件和物质基础。良好的体育环境对大学生体育锻炼行为的产生与保持，具有积极的诱导和保障作用。充足的场地设施作为保障，能激发学生的体育热情，调动学生的积极性，丰富学生的活动内容。同时，加强对学生课外体育活动的指导与帮助，特别是对在校内进行的体育比赛加强组织与监督，提供体育活动课程培训，组织体育运动队，并定期举办各类体育活动，担任运动顾问，为学生参加体育活动进行专业指导。

第五节　素质拓展

拓展一词起初是作为一种独特的训练方式，通过专门设计具有针对性和挑战性的课程，利用种种典型的场景和活动方式，让团队和个人经历一系列的考验，磨炼克服困难的毅力和积极进取的人生态度、增强团队意识的一种体验式学习方式。拓展训练课程强调健身性、挑战性、终身性和实用性，突出学生学习的主动性、积极性和创造性，具有途径多、方法多样、形式灵活、内容丰富等特点，它能激发学生的学习兴趣，满足学生学习的需要，加强学生的主体地位，让每一个学生都能找到自己在集体中的位置，重视学生能力的培养，这也正体现了现代教育理念。

在此基础上，高校学生管理事务引入了拓展这个概念，并将其与大学生的素质相结合，开展大学生素质拓展教育，提高大学生综合素质，着眼于学生个体的内在潜能，根据个体差异给予充分的引导、激励、唤醒和鼓舞，使每个学生的潜能得到最大限度的开发，将作为人的本质的创造精神引发出来，使大学生成为自主自觉、优化而和谐发展的健全个人。大学生素质教育的开展是一项复杂的系统工程，各个地区、各个高校所涉及的内容和侧重点也不尽相同。但归结起来，则主要是以开发大学生人力资源为着力点，在进一步整合深化教学主渠道的基础上，以提高学生综合素质为目的的各种活动和工作项目，包括课外实践、通识教育、情商培养、领导力培养与交际能力培养等方面，引导和帮助大学生完善智能结构，全面成长成才（见图3－4）。

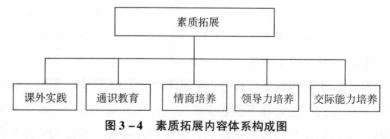

图3－4　素质拓展内容体系构成图

一、课外实践

随着知识经济时代的到来，社会迫切需要高等院校培养出更多具有创新精神和实践能力的高素质人才。作为教育学概念的课外活动，是指学校有目的、有组织、有计划地在不受教育计划、教学大纲、教科书限制的条件下，利用课余的时间和空间在学生中开展的多种多样的教育活动。这些活动对培养具有创新意识与创新能力的人才，推进高校管理者不断自我完善、自我提高，促进高校与国家创新体系的进一步完善具有十分重要的意义。

在此基础上，开展必要的课外科技创新激励机制研究，加强管理，充分调动教师和学生的积极性，保证课外科技创新活动的顺利开展；做好宣传激励工作，在科技创新活动中保护学生的创新思维，按人才培养的规律办事，保证课外科技创新实践活动得以健康、持久地开展。高校学生管理事务部门就要尽最大的能力为学生提供活动所需的实验室、图书馆、高素质指导教师队伍，并通过多种渠道筹集活动所需的资金并制定各项制度予以管理与保障。近年来，在国家"教育创新计划"的全面实施的背景下，部分高校通过搭建工程实训平台或创新实践基地，打破了专业实验室封闭式管理运行模式，搭建了一个真正面向各专业领域全面开放的公共平台，并设立基金等形式对学生自主开发项目进行了资助，通过举办讲座、沙龙、组织竞赛活动等，全面培养学生的专业素质与综合素质。

同时，创新精神和实践能力的培养是离不开社会实践这一环节的。社会实践是学生实现理论与实践、理想与现实、学术与技能相结合并共同发展的重要途径。让学生到实际中去，利用他们的理论与技术专长帮助解决现实生产和生活中的问题，服务回报社会，具有良好的综合教育效果。不仅在劳动中磨炼了意志，创造性地解决了实际问题，而且在与社会的密切交往合作中，增加了社会阅历，提高了与他人交往的技巧与能力。

二、领导力培养

领导力是一种人格魅力，拥有这种魅力的人，能够在一些团体中迅速地得到认可，并充当起核心的角色，引导团体的某一些决策和行为。

高校在今后的学生管理事务中，应列入领导力培养的内容，积极营造培育和熏陶领导力的有利环境，为学生成长进步创造良好氛围，并把提升领导力的理念与学生日常事务的管理、学生活动组织以及每个人的日常行为举止巧妙地结合起来，使领导力的提升变成每个人的日常需要。而在具体管理中，要把握好以下几个方面：第一，加强对学生责任感的培训，让学生们意识到自身肩负着的振兴国家经济和促进社会发展的责任。第二，加强学生能力的培养，提升其自信心。自信心来自能力，它以掌握的技能为基础，对变化的形势能迅速地做出反应，同时在很短的时间内做出战略上、战术上的调整，有能力担当艰巨的任务。再次，加强学生情感换位能力的培养。

另外，还要注重加强学生对诚信、抗逆力、意志力、系统思维、想象力及创意表达、未来视野、关怀世界、悲悯心胸、文化触觉和社群服务等的培养，着力培养优秀学生的主人翁意识和事业心，帮助他们树立起正确的人生观及远大的志向，促使优秀的毕业生成为能力卓绝、品格高尚、尽职尽责的领导者。

三、交往能力培养

成熟的人际关系是正确地进行自我评价的基础。它包括与不同文化背景人员之间的容忍、接受和尊重，能够适度地欣赏别人与自己不同的差异，同时对与自己亲密的人群（家庭成员及同性、异性朋友）保持尊重、平衡、互谦互让的持久关系。

大学时期是一个关注交往、需要理解、渴望友谊的时期。在人际交往日益频繁的今天，交往能力也越来越受到大学生的重视。大学生在经历了大学教育后，最终大多还是要归于社会。通过人际交往结成一定的人际关系，是大学生适应环境、适应社会生活、交流信息、获取知识、担当一定社会角色、培养健全人格的基本途径。在大学校园里建立良好的人际关系，形成团结友爱、朝气蓬勃的环境，将有利于大学生形成和发展健康的个性品质。

因此，培养大学生的交往能力、养成正确的人际交往观念具有十分重要的意义。随着信息和网络技术的迅速发展与普及，当代大学生的虚拟交往越来越多，而现实生活中的人际沟通却越来越少，导致交流能力下降。长期缺乏相应的情感教育与引导，使得行为主体容易产生孤独苦闷、焦虑压抑，甚至情绪低落、消沉。因此，在高校的学生管理事务中，必须加强对学生交往能力方面的教育和引导。

首先，在高校的学生管理事务中，要密切关注学生出现交往危机的征兆，及时预防学生出现交往危机。其次，高校学生管理事务者要对学生交往进行积极引导，并就学生日常交往中的常见问题进行具体分析。最后，在高校的学生管理事务中要致力于营造和优化一个健康向上、积极进取的校园文化环境，以促进良好的校风、学风和团结友爱的人际氛围的形成。同时，在对大学生的交往能力教育中，还必须使大学生明白自身所承担的社会责任。

综上所述，本书对高校学生事务内容体系的界定，基于以下三个原则：（1）各高校进行学生管理事务中现有的，业已成熟的内容；（2）已经有所涉及与侧重，但还处于悄然兴起、方兴未艾的内容；（3）还很少涉及，或涉及很浅，但却符合高校的发展方向，在未来一段时间将会兴起，并受到重视的内容。

但由于不同高校间办学理念、办学层次、人才培养模式，以及人力、财力、物力等诸多方面的差异，势必会造成不同高校在学生管理事务内容的把握、侧重点和覆盖面上理解的不同。而本书中对高校学生管理事务内容体系的界定，是高于一般高校层次上的一个概括。它虽然不一定适用于特定高校的学生管理事务，但对于学生管理事务者站在高校之外，以更高、更深、更远的视角，去观察与思考自身的工作，为高校的学生管理事务提供新的思路和建议，则具有一定的借鉴作用。

第四章 高校学生管理事务主体的探究

高校学生管理事务工作是一项复杂的、系统的工作，具有导向性、主体性和开放性特征。在高校学生管理事务的过程中，学生管理事务的主体扮演着非常重要的角色。如果学生管理事务的主体不能合理定位自己、明确自己的职责，很容易造成管理混乱和管理不力的问题，因此，对高校学生管理事务主体的定位与职责进行研究是非常关键的。本章将对高校学生管理事务主体的角色与定位、高校学生管理事务主体的岗位职责与能力结构、高校学生管理事务主体的心智素质以及高校学生管理事务主体的队伍建设进行系统阐述。

第一节 高校学生管理事务主体的角色与定位

一、高校学生管理事务者的职业理念

（一）贯彻"以人为本"的工作理念

贯彻"以人为本"的工作理念，就是要以学生的全面发展为工作的出发点和归宿点。高校学生管理事务者不仅仅进行单纯的管理事务，应该秉承一种以人为本、以学生为本的理念，即一切为了学生，一切为了学生的全面发展。这就需要高校学生管理事务者更加关注学生个体的自主意识、平等意识、个体意识，尊重每个学生的个性，立足于学生的学习和发展，满足他们个性化、多样化的需求；鼓励学生独立人格的发展，增强对学生的人文关怀，建立一种自由、宽松、健康、平等的学习氛围。同时，在管理中一定要注重民主性、平等性，让学生更多地参与自我教育、自我管理；在互动的过程中，建立起管理事务者和学生之间的信任感，促进学生全面发展。

（二）依照法律和规章制度开展工作

高校学生管理事务者开展工作的前提就是要熟悉、了解国家以及学校的各项规章制度，依据法律和各项规章制度开展工作，凡事做到有理、有节、有法，这是起码的原则。例如，招生、招生宣传有国家大政方针来规范，学生的日常管理有学生管理规范来约束，学生的注册、休学、转学、退学等都有一整套的流程操作规定。凡事在框架内运行才能保证各项事务的规范化，而且能保证各项管理行为的公平、公正、公开运行，切实避免管理中的无序性和随意性。凡事按规章制度来处理，也能够最大限度地保护高校学生管理事务者的权利。

（三）让服务成为高校学生管理事务的核心理念

高校学生管理事务者要对自己的角色地位有一定的认识与调整，要从"管理者"的角色中跳出来，把自己当成"服务者"。高校学生管理事务者不能高高在上，应更多地体现对学生的服务。高校学生管理事务者要多在"服务"上下功夫，多在"服务"中求发展。同时，高校学生管理事务工作要在服务中创造价值、体现价值。

在当前的形势下，高校学生管理事务不能再是简单生硬的管理，而应积极转变为务实、贴心的服务，在服务中体现管理者的价值，在实实在在的服务中促进大学生的成才、成长，切实促进高校学生管理事务由管理向服务转型。

二、高校学生管理事务者的工作职责

高校学生管理事务者直接承担着学生事务的具体实施，在学生管理事务中扮演着重要的角色。

一方面，高校学生管理事务者应通过多种形式的日常教育、开展多种形式的活动，把理想信念坚定地植根于大学生心里，让大学生成为社会主义的坚定拥护者、传播者，让坚定的理想信念成为这一代人的必然信念。要让大学生成为既有科学知识又有社会责任感的新时代公民。另一方面，学生的日常管理工作是高校学生管理事务的重要内容，做好这些日常事务，一是保证学生的安全稳定，二是营造良好的学习氛围，最终为学生成长成才创造条件。做好学生日常管理工作需要从以下几个方面着手。

1. 建立行之有效的学生管理制度，并坚决贯彻执行

所有的管理都必须有合理科学的管理制度作为保障，需要注意的是，当前建立有效的管理制度应该淡化行政色彩，即建立更加人文化的管理制度势在必行。人文关怀强调对人的尊重、对学生个体意识的理解。

在学生的日常管理中，管理者应以平等交流的态度，尊重每个学生的个体差异、个体意识，以更加积极的姿态参与到学生管理中，与学生深入交心、谈心，真正谈到学生的心坎上，真正解决学生面临的实际问题、实际困难，让日常管理工作更加富有成效。

2. 建设良好班风、学风

班风是班集体的精神所在、灵魂所在。好的班风是在全体成员的共同努力下形成的，具有凝聚人心的力量，在潜移默化中对班级成员产生规范、激励作用，是建设良好班集体的必备条件。营造良好的班风、学风是高校学生管理事务者的重要职责、重要工作任务，通过营造良好的班风、学风，能让班级成员在一个积极的氛围中共同努力、共同奋斗。

3. 深入学生，及时发现问题学生、排除安全隐患

学生的安全稳定工作是学生管理事务工作的关键内容。因为人的安全是第一位的，没有学生的安全一切都没有意义。学生的安全稳定关系到整个学校工作的正常开展，要把学生的安全稳定放在一切工作之首，予以重点关注。要抱着对学生负责、对家长负责的态度，对得起家长和学生的信任与期待。在安全问题上始终绷紧头脑里的弦，决不能麻痹大意，心存侥幸。高校学生管理事务工作要求管理者经常深入学生、深入课堂、深入寝室，与学生多一些深入交流、多一些面对面的接触，只有这样才能了解当前的大学生都在做什么、想什么、关心什么、讨厌什么。只有近距离的接触，才能深入了解大学生的学习、生活、思想状况，才有可能发现一些存在的问题。对工作中发现的一些问题、一些苗头要重点关注、及时追踪。建立问题台账，随时了解这些学生的思想动态，帮助解决问题。对一些普遍性的安全问题，集中力量、集体解决。总之，高校学生管理事务者的心中要随时悬着安全这根弦，把学生的安全摆在首位。

4. 注重培养学生干部，充分发挥学生干部的带头作用

学生管理事务工作千头万绪，管理者很难做到事无巨细、亲力亲为。这种情况下，培养一批信得过、可靠的学生干部显得特别重要。学生干部也是学生，他们对同学的各种情况更为了解，也是各项规章制度的带头执行者。学生干部一般都是各方面的佼佼者，做好学生工作就要充分发挥学生干部的带头示范作用，充分发挥他们的管理能力、组织协调能力、突发事件快速反应能力，协助高校学生管理事务者解决一些实际的问题和困难。

三、辅导员的微观角色定位

辅导员的微观角色定位，即高校对辅导员工作任务和内容的具体要求。高校辅导员的工作任务和内容是一个完整的、有机的体系，它们相互衔接、相互补充、相互作用。高校辅导员只有认真履行自己的职责，全面地、完整地理解和实践自己的工作任务和内容，才能很好地发挥自己的服务和保证作用，促使学生全面成才和健康发展。具体而言，高校辅导员工作从业务上可以分为以下几项内容。

（一）教育

教育是高校辅导员工作最主要的任务，下面对教育的内容和教育的形式进行阐述。

1. 教育的内容

教育的基本内容包括，党的路线、方针、政策，民主法制，世界观、人生观、价值观等理想信念，道德品格，校风、班风、学风，劳动、卫生、审美等内容。教育的基本要求有两个，一个是观点要正确科学，另一个是在选择教材的时候要有针对性。

2. 教育的形式

教育的形式首先要做到多样性和趣味性并存，其次要注意经常性和反复性。除了时事政策课程，党团活动、文体活动、社团、第二课堂活动、创先进班级活动、社会调查活动等都是非常重要的教育形式。开展大学生实践活动要努力做到面向多数，做到群众性和广泛性；要努力做到多样性、趣味性和生动性；要努力做到时代性、动态性和目的性；要与所学专业结合，努力为学生成才和就业服务。

（二）管理

一名辅导员所面对的工作对象少则一百多人，多则几百人。要把他们管理好，就要在横向上建立一个完善的管理体系，纵向上培养一支优秀的干部梯队。横向的管理系统包括各种档案的管理，如学生党团档案，特困生档案，奖学金、荣誉称号统计表、就业情况等档案。对辅导员来说，纵向的干部梯队由年级组、党支部组成，而年级组下面又有班委会、团支部；党支部下面有党小组，有了这样的机构，年级工作、支部工作才可能有条不紊地开展，而这些都是辅导员一步步通过长时间的探索、实践而达到的。具体来讲，包括以下几个方面的内容：一是学风建设工作；二是学生基本资料管理工作；三是学生行为规范管理；四是学生工作日常管理；五是制订学生工作计划；六是完成领导和上级部门布置的其他工作。

（三）服务

"辅导咨询"的提法来自发达国家和地区学生事务领域，主要是为学生提供学习、生活和职业生涯发展方面的辅导工作。具体而言，包括为生病的学生服务、为特困生服务、为学校的正常收费服务、为考研的学生服务以及为学生就业服务等。辅导员的辅导咨询服务功能正在不断拓展，并逐渐成为辅导员的核心服务。

高校辅导员的工作任务和内容是动态的，不是一成不变的。高校辅导员要努力通过自己的工作，对大学生的思想发挥引导作用，对大学生的行为发挥规范作用，对大学生的学习发挥促进作用，对大学生的时代精神发挥激励作用，对大学校园秩序的稳定发挥维护作用，对大学生的班团组织发挥领导作用。总之，辅导员的工作是全校学生工作甚至全部工作的基础。

（四）开发

学生个体之间能力的发展是极不平衡的，个体本身诸方面能力的发展也是不平衡的。辅导员应当讲究育人的艺术，开发学生的兴趣爱好，让每个学生都看到自己的长处，充分显示其长处和优点，使之体验成功的欢乐，激发其学习的自信和勇气。这里所指的开发有以下两个含义：第一，挖掘学生的潜力，提高学生的能力；第二，培养学生的兴趣、爱好。

（五）研究

随着社会的不断发展，辅导员所面临的问题日益复杂化、多样化。同时，辅导员在日常工作中会不断遇到各种新问题、新情况。因此，辅导员在进行学生工作的同时，要不断进行思考、研究，探索解决新问题、新情况的方法。研究的主要内容有以下三种：一是研究学生的特点；二是研究学生工作的新思路、新方法；三是研究新形势下的学生工作的发展。

（六）指导

辅导员工作的对象是大学生，而大学生正处于思想逐渐趋于成熟的时期，这就要求辅导员对大学生进行各方面的指导和帮助，包括思想、学习和生活等方面，以促使大学生健康成长。这主要包括以下几点：一是指导并考核学生干部的工作；二是及时了解各班级的意见和建议，组织协调有关学生干部开展工作；三是指导学生参加就业；四是指导新生如何适应大学生活；五是指导学生做好大学生活设计；六是指导学生如何成为一名身心健康的大学生。

第二节　高校学生管理事务主体的岗位
职责与能力结构

一、高校学生管理事务主体的岗位职责

从纵向看，高校学生管理事务者可分为高层管理者（校领导）、中层管理者（学生处、团委以及相关职能部门）和基层管理者（如辅导员、相关科室人员）。

（一）高层学生管理事务者的职责

高层学生管理事务者，通常由学校党委指派一位校领导（通常是校党委副书记或者副校长）担任。学校党委是学生管理事务的领导者和决策者，依据国家相关方针、政策，制订总体规划和实施计划，把握学生管理事务的现状，及时调整工作策略，以适应不断变化的时代要求。

同时，学校设立党委直接领导下的学生工作领导小组。由分管校领导牵头，成员包括学生工作处（即学生处）、校团委、党委宣传部、教务处、保卫处、后勤集团以及院系党委书记等单位和部门的负责人。主要职责包括三个方面：第一，结合学校学生管理事务的实际，指导并参与学生工作的总体规划、年度计划，制定相关考评制度，建立长效运行机制；第二，督查学校各单位和部门按计划完成工作的进度，建立公开、公正的信息反馈机制；第三，及时收集各单位和职能部门所遇到的困难，依托学校各方资源协调解决，推动学生管理事务的民主化、科学化进程。

（二）中层学生管理事务者的职责

中层学生管理事务者，通常是指学生工作处、团委、教务处、后勤处等单位和职能部门的主要负责人。学生工作处是以职能为载体，我国高校因为校情各不相同，学生工作处承担的职能往往不同，素有"大学工"与"小学工"之分。所谓"大学工"，就是广义上的学生工作，包括招生、就业、评奖评优、助学贷款、勤工助学、宿舍管理等。

（三）基层学生管理事务者的职责

基层学生管理事务者，通常是指职能部门和单位的相关科室工作人员以及院（系）的专兼职辅导员等。相关科室工作人员要在分管领导的指导下，结合本部门的实际，制订总体工作规划、年度工作计划，提出设备需求和经费投入。

综合事务办公室是内部管理、信息管理和综合事务的归口管理部门。招生注册办公室是学校招生领导小组的日常办事机构，是本科招生、学籍（注册）管理和新生入学报到事务的归口管理部门。大学生就业中心是全日制普通本科毕业生就业指导、就业市场拓展和毕业生事务的归口管理部门。高校学生管理事务与服务中心是学生行为规范、突发事件、安全事务、学生生活园区、学生活动场所等事务的归口管理部门。

二、高校学生管理事务主体的能力结构

随着现代社会的不断发展，社会生活中的一些不确定性因素逐渐增多，由简单原因引起复杂结果的事件随时都可能发生。面对复杂局面和突发事件，要求学生管理事务者做到思维敏捷、判断准确、决策及时、行为果断。结合学生管理事务的工作实践，我们认为学生管理事务者需要具备以下五个方面的能力。

（一）感召力

基于领导过程进行分析，感召力对应于或来源被领导者的能力，即吸引被领导者的能力。从学生管理事务的视角来看，感召力是指借助个人高尚的道德品质、广博的知识素养、坚强的意志品质等，用自己的人格魅力来吸引学生，成为深受大学生欢迎的良师益友。要让这种无形的力量渗透到学生的学习、生活等各个方面，以潜移默化地影响学生，

引导学生不断地完善自我。

（二）影响力

基于领导过程进行分析，影响力对应于影响被领导者和情境的能力。从学生管理事务的视角来看，影响力是指通过个人的行为示范来影响学生。学生管理事务者在公开的场合，准确表达自己的观点、善于做演讲和宣传，能够影响学生有意识地培养自己的语言表达能力；在各种文艺表演中，娴熟自如地表演自己的才艺，能够引导学生努力拓展自己的文艺素质，促进学生的全面发展。诸如此类，学生管理事务者通过自己的言行，利用不同的契机来影响学生，引导学生全面发展，促进学生成长成才。

（三）前瞻力

基于领导过程进行分析，前瞻力对应于群体或组织的目标和战略制定能力。从学生管理事务的视角来看，前瞻力包含两个方面：一方面，对国家政策和形势有全面把握，并能结合工作实际及时做出工作规划调整，以顺应国家的需要，适应社会的要求；另一方面，对学生中容易出现的问题有预防方案。目前，我国正处于社会转型时期，社会对人才的需求在不断变化，这要求学生管理事务者不断更新教育理念，改革教育方式，制订科学合理的培养方案，培养适应社会需要的人才。

（四）控制力

基于领导过程进行分析，控制力对应于控制目标实现过程的能力。从学生管理事务的视角来看，控制力是指能够把握工作的节奏，顺利推进工作的进度以实现预定目标的能力。学生管理事务者应从现实出发，透过当前大学生中存在的各种现象，对原有的决策、方案和意见及时进行修改和补充，因势利导，从而掌握工作的主动权，把工作向前推进。

（五）决断力

基于领导过程进行分析，决断力对应于群体或组织目标实现过程的能力，主要是指正确而果断决策的能力。从学生管理事务的视角来看，决断力是指遇到突发事件能够果断处理，随机应变的能力。学生管理事务者应密切关注影响学生思想和行为的直接或间接因素，准确把握学生思想和行为变化的临界值，增加对思想行为可变因素的敏感性。一旦发生重大灾害性事故、治安案件等突发事件，能做到处变不惊、沉着应对、果断处置，及时稳定学生的情绪，防止事态扩大。

第三节 高校学生管理事务主体的心智素质分析

学生管理事务关注并作用于学生的生活世界，其在实现服务功能的同时，能够帮助学生自己去打开生活这本书，从中找到生活的意义，去发现生活中的种种美好事物，引导学生不断去拓展他们的生活实践，丰富他们的生活经验，建构起更有深度和广度的意义场域。要实现这样的教育目标，需要学生管理事务者具备较好的心智素质。

一、职业认同

（一）角色定位

从社会学的视域来看，角色是指在社会结构中，由于社会分工和身份地位而应当表现出来的符合社会期待的行为模式。高校辅导员角色，是指辅导员在工作实践中所表现出来的符合社会期待的行为模式。我们应当从社会结构、行为模式、权利义务、社会期待等方面来理解辅导员的角色定位。辅导员应当努力成为大学生的人生导师和健康成长的知心朋友。"人生导师"和"知心朋友"不是简单的并列关系，成为学生健康成长的知心朋友是做人生导师的前提条件，也是对人生导师的进一步阐述或补充。

辅导员最本质的角色定位，最能体现辅导员存在价值的职责，是大学生的人生导师；最重要的工作定位，是帮助大学生树立正确的理想信念，树立科学的世界观、人生观和价值观。

（二）价值认同

对辅导员角色和工作认同的核心问题是价值认同问题。认同是发生在个体、社会和自我之间的，是在这种关系中来确立人自身的身份感问题。从本质上说，人们就是要通过追问（诸如职业的社会价值、对个人的价值，乃至追问人生的价值和生命的意义），证明自己的身份，从而正确地认识职业的价值和自己的价值。而当我们在确立自己的身份感的时候，又总要受到一定的利益需求、情感和信仰等问题的影响，总是认同那些与自己的情感、信仰和利益需求相一致或相近的东西。此外，很多辅导员工作几年后不愿意离开自己的工作岗位，认为从事辅导员工作是情感所系，实际上就是将工作上升到了情感和信仰的高度。

有学者认为，提升辅导员的价值认同，主要在于辅导员要在提炼主导价值中来确立自己的价值认同，在协调价值矛盾中不断发展和强化价值认同，在岗位实践中不断深化价值认同。

二、专业要求

学生管理事务是以服务为载体，在学生的生活世界来实现教育功能。当今的年轻人，思维活跃、思想开放、价值多元化。要想在生活中赢得他们的尊重、佩服和信任，就要求学生管理事务者具备敏锐的思维和多元的知识结构，要在工作实践中逐步建构自己充满活力和高效运作的知识结构，能够根据不断变化的现实环境迅速寻找到合适的方式或方法，达到预期的教育目的。

学生管理事务者合理而高效的知识结构，应将包括马克思主义关于人的本质及全面发展的理论等核心理论作为基础学科知识。同时，还应将教育学、政治学、社会学等本体学科知识，以及哲学、历史、艺术、文学、常识、自然科学及其他社会科学（包括教育学、经济学、人类学、社会学、文化学等）的相关学科知识作为外围知识层次。另外，在工作实践中，还应包括演讲、写作、社会调查等操作性学科知识。

核心知识层次起着基础性、主导性作用，决定着思想教育的战略方向，反映着思想教育的实质，这个核心一旦构建并运作起来，就会产生诸多的功能与效应，对汲取知识、增长智慧、涌现创造性灵感、形成核心特长和能力乃至提高综合素质都具有积极意义。外围知识层次，它以众多紧密相关的学科知识作为知识核心的辅助、支撑和互补成分，凭借核心知识层次的辐射效应与其合理的融合，组成圆满的知识结构。外围知识层次既是核心知识层次不断拓展辐射的重要土壤，也是确保整个知识结构充满活力而高效运作的重要条件。

第四节　高校学生管理事务主体的队伍建设

一、强化专业管理队伍建设

近年来，高校学生管理事务已经逐步摆脱传统纯经验式的工作模式，走上了一条科学化、专业化、学术化的专业发展道路，也出现了管理队伍的职业化、专家化倾向。

（一）高校学生管理事务人员的专业化发展

1. 完善职业准入制度

我国并没有学生管理事务这个专业，所以，早年间从事这个职业的人员是五花八门的，各个专业的人都有，其中很大一部分是留校生。虽然这种职业分配有利于学生管理事务，因为留校学生对这些事务非常熟悉，但是，这样的用人方式也有一定的弊端，容易出现思维模式、工作模式相对固化，缺乏创新。

在当前，要树立起这样一种观念，学生管理事务工作需要专业的人员来做，并不是什么样的人员都可以胜任这份工作。从本校选留毕业生当然是一条捷径，但我们应该力争从不同的大学引进人才，让各种思想能够交汇，多样化的行为能够呈现，更多的做法能够被理解，让不同大学的德才兼备的毕业生进到学生管理事务队伍中来。

2. 加强职业规划指导

学生管理事务者作为一支专业化的工作队伍，职业生涯的规划设计显得特别重要。学生管理事务者的职业周期大体分为以下几个阶段：入职前、入职中、能力形成阶段、能力上升阶段、职业稳定阶段、职业懈怠和退出阶段等。

在职业生涯的不同阶段，学生管理事务者必须要对这一职业有深刻的认识，分析自身的个性、工作的目标和需求，做出适合自身的职业规划，走出一片职业发展的春天。入职前可能对这一职业并不是特别了解，因而应该要有一个入职前的职业了解、熟悉过程，并且具备一定的专业职能和胜任学生管理事务工作的基本能力。入职后随着工作的开展、情况的了解，对这一职业开始有理性的认识，并逐步培养起开展学生事务工作的专业能力。后期随着职业发展的深入，对从事工作业务的精通，逐渐发展成某一专门领域的专家型管理事务者，并且能够在工作中有所创新。接下来这类优秀的学生管理事务者要么开始走上领导岗位、从事管理工作，要么开始成长为一名真正的学生管理事务专家，能将自己所从事的工作上升到理论研究阶段，提炼出有理论价值的学生管理事务理论。

3. 建立起考评、激励机制

任何一个职业都有自身的职业目标、考评机制。对于高校学生管理事务者的考评要建立在科学、客观的基础之上，不能简单地以工作量多少、坐班时间长短来衡量其工作业绩，而要以发展的眼光看待考评。高校学生管理事务者对提高人才培养的质量的实际效果，理应成为最关键的指标。例如，所培养的学生能否经得起风浪、经得住挫折的考验，所培养的学生是否能够获得用人单位的青睐等，这些都是考核高校学生管理事务者的核心要素。此外，可以通过多方评估对管理事务者进行全方位、多角度的评估，学生对管理事务者的直观印象、学生工作领导小组对管理事务者的专业素质考评，重点考核高校学生管理事务者的工作态度、业务熟练程度、工作成效、开拓创新等。除此之外，学生管理事务者的自我评估也应考虑进来。这样结合多方面的考察评估会得出一个相对合理的考评结果。

建立健全高校学生管理事务者的激励机制，对于促进其专业化发展也有一定的作用。其中，薪酬制度除了考虑学生管理事务者能从这个职业获得根本的生活保障，还应考虑学生管理事务者的工作量大、工作时间长、处理突发事件等特点，适当提高薪酬水平。培训制度要重视学生管理事务者的素质、能力发展，保证每一名学生管理事务者都能得到及时的、专业的培训，为学生管理事务者的职业发展做好规划。职务晋升制度要为学生管理事务者的职务、职称晋升提供便利，让高校学生管理事务者在工作中能获得更多的尊重，能够获得职业自豪感。通过薪酬制度、培训制度、晋升制度等一系列激励，在提高学生管理事务工作成效的同时，实现学生管理事务者素质与能力的提升。

（二）高校学生管理事务队伍的专业化、专家化

1. 合理确定高校学生管理事务队伍的专业地位

首先必须要明确的一点是，学生管理事务并不是毫无专业性的，也绝对不是人们传统观念里的打杂的，什么琐事都需要做。事实上，学生管理事务是一个具有较强专业性的管理岗位。以美国为例，美国的高校学生管理事务之所以能取得不俗的成绩，就是因为其在实践中逐步建立起完善的高校学生管理事务理论，并在高校学生管理事务理论的科学指导下逐渐走上了专业化发展道路。

2. 高校学生管理事务队伍建设的专家化

高校学生管理事务队伍的专业化建设急需打造一批专家型的人才，即要加强对高校学生管理事务者的专业化培训，把学生管理事务者打造成某一方面的"专家""学者"。

高校不仅是培养优秀学生的地方，也是培养老师的地方。因此，可以借助高校的学科优势，着重打造与工作相关的专家型管理事务者。这些专家可以是"一专一能""一专多能""多专多能"，不求面面俱到，只要有某方面的特长、专长就行。通过构建专家化培养模式推动学生管理事务队伍的专业化建设，也将进一步巩固学生管理事务者的地位。

二、引入导师制，建设高素质兼职管理队伍

（一）导师角色定位

1. 良师

在我国人才培养模式中，对研究生主要是导师制，本科生主要是辅导员、班主任负责制。将导师制引入本科生培养，在很多高校已经取得了较好的效果。导师本身就是在本专业领域具有一定建树的优秀教师，因而将导师制引入本科生培养体系，首要的任务就是对学生进行学业上的专业指导。当前大多数高校已经实行学分制，在学分制背景下大学生如何更好地开展学习，这对刚进入大学的学生来讲完全是个全新的课题，这时导师对学生来讲就是指路明灯。导师利用自身丰富的专业知识、教育经验，给学生提供专业的、切合实际的学习规划指导，让学生有目的、有计划的学习。除了进行学业规划指导，导师还要进行专业方向的指导，指引有专业发展前景的学生，较早地参与导师的科研活动，提高综合能力。特别是一些资深的老教师、老教授加入导师制的队伍中来，对学生的积极影响将会更大。老教师、老教授在学术水平、研究方法、学术思维方面具有更高的层次和境界，通

过他们的传授、教导，学生能在潜移默化间感受其人格魅力，对于培养学生的科学精神、创新能力都会产生积极深远的影响。

2. 益友

实行导师制，一个导师所带的学生数量有限，不会像专职的学生管理事务者管理上百甚至几百学生。导师一般带 4~5 个学生，因而有更多时间与自己所带的学生进行交流。人与人之间最重要的沟通方式就是交流，通过交流、交谈，大家交换思想、交流情感。通过真诚的交流，学生能够了解导师是不是抱有真心，导师也能通过全方位的沟通了解学生的基本情况，了解学生所思所想，了解学生生活、交友、学习、实践等方面的基本情况，从而有针对性地开展教育活动，并提供切实有效的帮助，成为学生可亲可敬的朋友。

（二）导师工作的主要内容

1. 思想引导

导师制的一个重要任务就是对大学生的思想予以关注，对大学生进行思想教育、道德教育、法治教育、信念引导，引导大学生多角度了解社会、适应社会、融入社会，树立起正确的世界观、人生观、价值观、方法论。

2. 学业指导

导师要了解自己指导的学生的特长、兴趣、特点，根据每个学生的不同兴趣点指导他们了解自己学习的潜能和特点，帮助学生深刻认识、了解自己所学的专业，包括专业的发展前景和未来方向，教给学生正确的学习方法，帮助学生制订职业规划、确定未来发展方向。导师应多带领学生参与科研活动、社会实践，在不断的实践中使学生加深对专业发展的了解，使学生得到一定程度的科研素质的基本训练和实践能力的锻炼。学业指导是导师最重要也是最主要的工作任务，导师要想方设法地调动学生的学习兴趣，在专业教育中融入思想教育，不分课堂内外，充分发挥好第一课堂和第二课堂的教育作用，把握好学生的共性与个性，一方面为人师表，另一方面应发挥好自身的人格魅力、人格感化，既教书又育人，促进学生素质的全面发展与提高。

3. 生活指导

导师不仅仅是大学生思想上、学习上的向导，也是大学生生活上的向导。导师在课堂上给学生传道授业，课堂外与学生交心谈心，指导学生尽快熟悉大学生活，尽快适应大学生活；指导学生明确生活目标，端正生活态度，树立正确的人生观；指导学生生活，养成良好的生活习惯，提高生活质量；教育学生在生活中遵守社会公德，做一个对社会、对家人负责任的、高素质的公民。

（三）导师制在学生管理事务中的优势

1. 学生管理模式的创新

将导师制引入高校学生管理事务是对当前学生管理模式的极大创新，将大大优化教育资源的配置。当前高校学生管理事务还是主要由辅导员负责，一个辅导员负责一个年级甚至一个系的学生，少则几百人，多则上千，时间、精力、能力有限，无法给学生提供更多的指导、帮助。导师制的出现将会彻底改变这一现状。一个导师往往只负责几个、十几个学生，这为学生和老师接触提供了更多的机会。导师以其学术水平、人生阅历、人格魅力给学生更多的引导，学生也在这样的接触中更多感受到学校、老师的关心、帮助和指导。如此一来，就能很好地创新当前的学生管理模式，构建起纵横交错的立体育人环境，增强学校管理的育人效果。

2. 改变课堂教学与学生管理事务的分离状态

长期以来，老师只负责课堂教学、专业培养，课堂上一言堂式的教学灌输，根本不了解自己所教授学生的思想、理想、观念，更是很少关心学生的日常生活、日常管理。高校的学生管理事务只负责学生的思想教育、日常行为管理，对学生所关心的专业却知之甚少。导师制的出现将极大地缓和这种紧张关系，改变学习与生活相脱离的状况。导师利用专业教学的机会，很好地将教学与学生的日常管理、思想教育结合在一起，将专业学习与未来职业规划结合在一起，有更多的时间与学生交流、谈心，将教书、育人真正地结合起来，彻底改变课堂教学与学生管理事务的分离状态。

（四）建立导师的准入、评价制度

1. 导师的准入制度

实行导师制意义重大，对导师的要求很高，需要建立起一整套导师的准入、评价和考核制度。导师的任职条件，一般而言其学历至少应是硕士研究生，职称要求副教授及以上，这是保证导师基本质量的必要条件；具有高度的责任心和奉献精神，愿意从事本科生导师的工作，愿意花时间和大学生交流，愿意花时间指导大学生的学习、生活、工作；对本专业的培养目标明确，清楚了解本专业的培养方案，明确知道要培养什么样的学生，怎样培养学生；担任导师的时间相对固定，最好从大一新生一进校就开始担任一直到学生毕业，中途无特殊原因不得退出或更换；具有丰富的专业知识、合理的知识结构、较高的学术理论水平和科技创新能力。导师与学生之间适宜双向选择，导师向学生介绍自己的专长、性格、讲授的课程，学生根据自己的了解、兴趣和要求选择适合自己的导师，双方经过一段时间的磨合还能提供一个再次选择的机会，这对双方来讲会是一个受益匪浅的机会。

2. 导师的评价制度

对导师的评价首先是关注导师的目标定位，导师自己希望达到一个什么样的水平；其次是关注导师的工作过程，导师指导的形式、指导的时间等。评价时要酌情参考导师指导的结果，但不能作为唯一的参考依据。对导师的评价结果要定期公布，一方面让导师了解自己的工作业绩，另一方面给后来的学生提供参考，让后来的学生能够更加科学地选择导师。

三、吸纳学生参与，培养后备管理力量

学生参与高校学生管理事务就是指一些在读的研究生或者高年级的本科生在老师的带领下，参与对低年级学生的日常管理事务。由于他们本身是学生，所扮演的角色主要是榜样、朋友，因而也有人将其称为"导生"。导生的出现既满足了学生希望获取更多优质服务的需要，也将大大缓解专职学生管理事务者的工作强度，对导生自己而言，也是一次锻炼、提升的好机会。

（一）大学生参与学生管理事务的角色定位

1. 榜样

能够成为导生的大学生都是比较优秀的学生，让他们参与学生管理事务也是看中了他们的优秀特质。优秀的导生一般都是高年级学长或者本专业的研究生，他们参与学生管理事务，更容易引起同学的仰慕与尊重，作为成功的过来人，无论是在工作上、学习上还是生活上，都可以给学弟学妹提供很好的参考和引导，更容易获得广大学生的认可。因此，这些导生一般对大学生而言能够起到一个很好的榜样、示范作用。

2. 朋友

导生毕竟也是大学生，这是他们参与学生管理事务的最大优势。本身来自学生，了解学生，知道学生的需要。对一般的大学生而言，大家就是朋友，是朋友就更好沟通。导生与一般同学年龄相仿，完全没有老师的距离感，大家互信、互助，有很多的共同语言，悄悄话、小秘密都可以讲，信息的双向传递快、效率高。

（二）导生的选拔、培养、评价

1. 导生的选拔、培养制度

对于从事学生管理事务的大学生的选拔应采取公开、公平、公正、严肃的态度，把真正素质高、能力好的学生选拔出来。对导生的选拔可以采取企业招聘人才的方式进行，如遵循学生自愿报名、老师民主评议、学生重点推荐、老师重点考察、聘任结果公示等环节。在这样的一个过程中，学生既可以提前感受到就业的氛围、竞争的激烈，也可以让选拔为导生的学生有一种强烈的成就感和责任感，还会让暂时没有选上的学生看到自身的差距，更加激发学生成长的动力和学习积极性。除了严格把好选拔关，对导生队伍的培训、教育更加重要。要给他们提供良好的岗前培训，培训内容包括必要的工作技能、工作技巧等内容，关心他们在工作中遇到的各种问题，经常举行工作交流会，讨论解决工作中遇到的各种问题，帮助导生解决实际困难。

2. 导生的评价机制

对导生的客观公正评价，既是对导生工作的正确认识，也是对导生努力付出的激励。设定评价指标，导生本人评价占30%，学生评价占50%，同行评价占20%。可以采用定期检查和抽查的方式。定期检查安排在每学期期末，通过导生自我评价和学生座谈、发放问卷的形式开展。导生对照当年年初工作目标、对照导生工作条例，结合自己的工作实际得出一个相对的分数。学生的评价占的比重适当多一点，占到50%，通过座谈了解学生对自己导生的总体评价，通过发放问卷，让学生对导生工作情况、工作能力、与同学在一起的时间多少、工作内容、活动开展、在班级中的影响等具体打分，给出一个全面、综合的评价。除此之外，引入直接从事高校学生管理事务的老师的评价，作为第三方评价人，因为不直接影响自己的利益相对比较公正。高校学生管理事务者根据自己的观察、了解，如果有可能话深入学生做进一步深入的了解，对导生进行相对公正的评价。综合三方的评价给导生得出一个最终的分数，并进行排名。在适当的时候评选先进导生，或按照排名给导生发放数额不等的奖励金，以示对导生工作的认可，能够调动导生的工作积极性，激励导生更好地开展工作。

（三）导生制在学生管理事务中的优势

1. 有利于更深入、全面地了解学生

导生利用各种机会，多种场合近距离接触学生，利用自己的亲切感和学生交心、谈心，从中发现一些带苗头的想法、行为，及时化解处理或者将情况告诉学生管理事务者，大家一起想办法共同克服、共同解决，使得很多危险的问题得到及早的遏制，提高高校学生管理事务工作的深度和力度。

2. 有利于缩小师生距离，密切师生关系

导生少了教师的权威与严肃，多了朋友间的放松和无戒备。导生一般与学生之间更容易亲近，易于交流、产生共鸣。当前大学生正处于一个异常复杂的社会环境，很容易受到各种不良思潮的影响。当他们遇到问题没办法解决的时候，特别需要找人倾诉，希望得到指点。很多时候教师的威严让他们望而却步，苦恼无处诉说。这个时候，导生为这些同学分析问题，大家一同交流、一同探讨、一同学习，共同提高。

3. 有利于导生自身素质的提高

导生制的实施是一个双向的过程：一方面导生利用自身的专业知识、丰富阅历给一般学生提供温馨的帮助、智慧的指导，帮助大学生面对自己的问题、解决问题；另一方面导生在学生管理事务的工作实践中实践了自己的专业、锻炼了自己的胆量、培养出一种坚强的意志。在处理各种突发事件的过程中将所学理论和实践紧密结合，是一种知行结合的过程，对导生来讲在这样的实践过程中将会获得不可多得的实践经验，无论是对自己今后的工作还是学习都将积累宝贵的经验和教训，对其而言是大有裨益的事情。

4. 有利于激发学生的兴趣，促进学生的人格完善与全面发展

大学校园里社团五花八门、活动丰富多彩，大学生怎样从这些活动中找到适合自己的，培养自己的兴趣爱好，锻炼自己的能力，成为当前学生管理事务的新课题。此时，通过导生能够在正式或者非正式的场所营造一种愉快、宽松的氛围，鼓励学生积极地参与到各种各样的活动中，帮助学生寻找自己的兴趣、培养自己的综合素质，同时让学生深切地认识到大学绝不仅仅是学习那么简单、学会和人友好相处、学会在各种困难中坚持自己的初衷，锻炼坚强的意志特别重要。既能学会学习，更能学会做人，合理地安排自己的学习生活和生活方式，这对于学生的人格完善与全面发展来说是十分重要的。

第五章　高校学生管理事务的权利保障

高校学生作为学生管理事务的主体，其权益不仅为学生所关注，也为社会所关注。学生权利保障涉及学校的制度和环境、家庭和社会保障等多个方面，是以人为本的教育理念和依法治校实施方略在学生管理事务领域的具体体现。在高等教育快速发展的今天，依法治校，保障学生合法权利，实现学生合法权利，已成为高校学生管理事务健康发展的必要条件。

第一节　学生权利的种类

一般来说，学生的权利既包括生而为人的基本人权，又包括作为学生身份所享有的法律规定的求学者所享有的权利，这是作为人和作为学生所必需的、基本的、不可剥夺的权利。这些权利的具体内容是什么，从保障学生权益的角度，对高校学生权利的理解应该更全面、更宽泛一些，获得合法权利的最有效的保障，但由于经济上的依附性，他们的这种需要只能依靠学校、社会和国家自觉赋予。

首先从分析高等学校与学生之间的关系着手。学界关于高校与学生之间的关系的分析是多重的，既有民事法律关系的存在，也有行政法律关系的存在，还有混合型关系。所谓行政关系，是公民与行政主体之间因特别的行政义务而形成的权力服从关系，行政主体可以行使总括性支配权，对处在特别行政关系中的相对人发布命令，采取强制措施。在计划经济时代，高校与高校学生之间就是一种单纯的特别行政关系。民事关系则是指高校与学生处于平等的法律主体地位，他们之间产生的权利与义务关系都是依据法律法规条文或者双方签订的合约进行的。我国法律明确指出了高校是一个依法享有民事权利，履行民事义务，独立承担民事责任的事业法人，确立了高校法人制度。高校的主要任务是负责实施高等教育，培养高级专门人才。高等教育是在完成高级中等教育基础上实施的教育，不属于义务教育，而是面向社会开放的公益性事业。因此，高校可以自主地面向社会提供高等教育服务，公民也可以在符合某些条件的前提下自愿进入高校接受高等教育服务，双方完全基于平等、自愿的原则缔结高等教育服务合同，形成合同关系。混合型关系是指在我国高等教育规模扩张的大众化阶段，高校特别是综合性大学内部出现了不同层面上的不同的管理关系，在学生管理层面上存在着行政法律关系，因为学生仍然是高校管理中的相对人；在教学管理层面上又存在着平等的教育契约关系，许多高校给予学生选课、选教师的自由，等等。

从以上分析可以看出，可把学生的权利界定为两大类：一是侧重于管理者（高校）应该尊重学生的法定权利的界定；二是侧重于高校学生主体性权利的界定。

高校学生接受高等教育是为了谋求现在和未来的发展。学生发展权与公民发展权的本质是一致的，即促进人生的可持续发展。

在知识经济时代，学习是发展的基础，"学生学习是学生发展的重点，最重要的是将他们的发展与学习有机结合起来"。从某种意义上来说，学习权是形成高校学生发展权的核心要素。高校学生的学习权包括以下几点：

（1）学习知情权，即作为缴费上学的教育消费者的知情权。知情权是"自然人、法人及其他社会组织依法享有的知悉、获取与法律赋予该主体的权利相关的各种信息的自由和权利"。在高校内的学生是教育消费者，其知情权体现在两方面：一是对学校的政策、各项规章制度、教学计划、课程安排等相关信息拥有知情权。二是对学校在学业成绩和品德评价上，有关学生的选拔、推优等活动中，学生拥有对各项条件和操作程序的知情权。

（2）学习选择权，即学生在学习过程中作为平等独立的自由主体的选择权。在高校，学生是教育服务的消费者，而学校是教育服务的提供者，因而在学校里学生拥有选择优质教育的权利，学生及其家长可以根据自己的需求选择优质教育服务的种类、项目，等等。即学生可以根据自身要求选择学校、专业、教师、课目及教育内容等。

（3）学习监督权与评价权，即高校学生作为与高校相对应的平等利益相关人的监督权与评价权。学生有权对学校决策的执行情况、教学安排、课程设置及学习资源的配置、教师的教学活动等进行监督并提出自己的见解、建议或意见。因此，学校应当努力提高自己的教育服务质量，尊重教育消费者的合法权益，这是在激烈的教育市场竞争中赢得发展的关键。

（4）学习主体的参与权。学生对学生管理事务与学校决策的参与，不仅仅是学生的一项不可剥夺的政治权利，而且是我国高校推进法制化建设的具体表现之一，高校管理者必须加以重视。不能将学生的参与管理流于形式，要切实尊重学生代表的意见和建议，才能真正解决学生管理中存在的问题，维护学生的合法权利。

第二节　学生权利保障的构成要素

高校学生权利的保障就是指通过采取一定的方式，实现对高校学生权利的保护，使之不受侵害。高校学生权利保障，从国家层面来说，就是通过法律、法规保障高校学生的合法权利不受侵犯，当高校学生合法权利受到侵犯后又可通过陈述、申诉和诉讼等方法使合法权利得到救济。从学校层面来说，学生权利要通过一套科学、合理、合法的管理制度和组织系统来加以保护，使之不受侵犯。① 可从主体、客体、途径三个方面分析高校学生权利保障的基本构成要素。

一、主体要素

主体要素指的是高校学生的合法权利由谁来实施保障。高校学生权利制度保障的主体有：高等学校、高等教育行政主管部门、学生、家长及社会保障相关机构。具体分析如下：（1）高等学校是提供教育、教学的机构，是学生权利保障的直接主体。学生处于学校环境之中进行学习，并接受学校的教育与管理；学校是学生主张和行使权利并承担相应义务的场所。学校领导、管理者和教师都是直接与学生发生关系的主体，理所当然地成为学生权利保障的主要实施者。（2）高等教育行政主管部门是代表国家政府行使对高等学校的直接管理权的，它在一定范围内可以制定政策或者发布强制性的政令来规范高校的行为；高等教育行政部门还能利用一定的经济手段（经费调拨等）对高校的办学和发展产生巨大的影响，所以高等教育行政主管部门是保障学生权利的一个不可或缺的重要主体。（3）学生是学习与受教育的主体，应该对自己的权利有充分的认识并自觉维护，因而也是自身权利保障的主体。（4）学生家长对子女承担着养育的社会责任，高校学生不仅仅在经济上依赖于家长，在情感上也往往对家长有一定的依赖性，因而家长也是学生权利保障的主体之一。（5）社会保障相关机构，大学生没有独立的经济来源，在高校中还存在一部分贫困生，他们的社会保障权利实现问题需要社会保障相关部门制定相应的措施予以保障和解决。

二、客体要素

客体要素指的是主体保障的对象。结合以上的分析，我们认为学生权利制度保障的客体

---

① 秦毅. 我国高校学生权利保障体系研究 ［D］. 扬州大学，2007：19.

指的是学生所拥有的各项权利，具体包括受教育权、人格权、财产权、申诉权和发展权等。

三、实施途径

学生作为自身权利保障的主体，应该对自己的权利有充分的认识并自觉维护。学生从自身的角度需要树立权利意识，积极争取权利保障的实现。

（一）树立权利意识

实践中，高校学生管理部门和法律课教师可通过授课、讲座、校报、宣传栏、广播、校园网、举办法律知识竞赛活动等，对学生进行教育法律法规等普及宣传教育，使学生明晰自己的权利、权利救济途径及程序。

（二）参与学校管理

大学生应树立主人翁的意识，积极地参与到高校学生管理事务中来，充分行使监督权、建议权。为了保证学生更好地行使监督权和建议权，学校应当建立校务公开、校长信箱、热线、接待日等制度。在与学生权益相关的重要的学生管理事务中，实行由学生参与的评议制度、听证制度。学生组织保障上，学生会也扮演了承担学校部分行政事务（管理学生）的角色。目前，高校中的决策参与模式未能真正落实到学生在高校管理事务中的决策权，今后，可以考虑组建学生代表大会制度，以制度保障大学生能真正参与高校的民主管理、民主决策。

第三节　学生权利的制度保障

一、健全法律法规体系

在国家层面上，我国虽然已经制定了一系列法律法规来规范高校的办学行为，但是对于学生权利保障方面的法律法规尚有待健全或细化。为了规范学生主体的行为，规范学生管理和保障学生的合法权益，很有必要制定学生特别法。教育主体法是关于教育管理机关、学校及其他教育机构、教师和其他教育管理者，以及受教育者的资格、权利义务和待遇等方面的法律规范的总和。当今教育理论界都认为学生也是学校教育的主体。

二、规范实体和程序规则

高校的规章制度应当遵循法治原则，从实体和程序两个方面构建学生权益保障制度。具体而言：一是从依法治校的高度，审视和改革当前高校学生管理制度中不合法的部分；

增加学生权利保护的条款，包括建立学生管理听证制度、学生申诉制度，促进大学生申诉权利的实现等。二是健全维护贫困生社会保障权利的制度。

（一）从实体和程序两方面健全高校规章制度，加大学生权利保护力度

作为教育法律法规的细化和贯彻，高校的规章制度必须在实体和程序两个方面均体现出公平、公正和合理的法律价值，这是制定校内规章制度的法律基础。由于传统的教育管理思维定式的影响，高校有些规章制度的内容明显有失公允，或者与现在的法律法规相抵触。为了维护大学生的合法权益，各个高校都必须对现行的规章制度进行重新审视，凡与国家法律法规相抵触的条款都要予以废除，或者给予修正。并在此基础上补充、完善校内规则体系，建立一套科学、合理、合法的规章制度系统。加强学生管理事务中依法管理的力度需要重点解决高校对学生惩戒的程序正义问题。

（二）建立和健全有关制度，维护贫困生的社会保障权利

大学生是成年人，应该享有国家法律规定的社会保障权利。对于大学生而言，社会保障权利主要体现在两方面：

（1）享受社会救助的权利，这主要是针对高校内的贫困生而言的。为了保障贫困生能顺利完成学业，当前我国高校已经建立了一系列贫困生的救助制度，形成了奖学金、助学金、贷学金、勤工俭学和减、免学费为一体的贫困生救助体系。但是，在实际操作中，无论是从该体系的内容还是所起的作用方面，都存在着许多不完善和不合理之处，如奖、助、贷的金额过低，不能实现扶困助贫的目的；贷学金发放制度不完善；"勤工"会影响学业，出现了"勤工"不"助学"的现象等。因而，高校应该加强对贫困生救助制度的改革与创新，在努力吸引社会资助力量的同时，统一管理，建立贫困生资格认定制度和贫困生资助考核制度，设立固定奖额的特困生励志奖学金，依据有关国家的政策法令减、免符合条件的贫困生的学费，合理设置勤工助学岗位并规定单周最高工作时限，以确保贫困生有足够的时间学习，将助困与育人结合起来。

（2）享受社会保险和医疗保健等社会福利的权利，这主要是针对高校内遇到突发性事件（如意外事故、重大疾病等）的学生和贫困生而言的。为此高校应该加强学校责任保险制度建设，即通过社会的力量，将学校的责任风险转移到社会，由保险公司负责向此类学生进行赔偿，使此类学生的损失得到及时的补偿，也保证了学校不因可能的连带赔偿责任而影响正常教学工作的开展。

第四节　学生权利的环境保障

为学生的全面发展和健康成才创造一流的校园环境是学生管理事务任务的高度概括，也是学生管理事务得以顺利开展的良好保障。欧文曾经说过："人是环境的产物。"所谓环境，就是一种文化。校园的每一件以物质形态出现的设备、设施都蕴藏着人文教育的内涵，这种积淀着文化观念的校园社会价值存在，具有相当的持久性，它一方面能起到美化环境、装饰校容的作用，另一方面又能以独特的物质文化形态影响学生，起到陶冶情操、净化心灵的作用。

一、校园环境支持

一是校园自然环境的优化。一所大学的校园环境能够折射出它的历史和文化积淀。走进英国的每一所大学，最常见的就是美丽的古建筑、古老的大树，不用任何语言，就能常常感受到悠久的历史和文化的积淀；大片的草坪、木制的长凳、捧书而读的师生，尽显求知的宁静；从校园环绕而过的河流、水中游弋的各种不知名的鸟禽，构成了一幅人与自然和谐相处的水墨画，和谐恬静，相映成趣，宛如置身于一座布局精巧的美丽花园。浑然一体，大气磅礴，自然景观和人文景观构成一流大学独特的风景线。学生通过对校园物质文化景观的解读，使自己直接与各种景观建立起融洽的个体与整体关系，从而获得其中的教育意义，形成自己的观念、思想。校园物质文化因而潜移默化地影响着学生的思想观念，制约着学生的行为习惯，发挥着隐性课程的作用。

二是各种教学和生活设施功能的完备。要求教学规模适中；报告厅种类繁多，功能完备；生活场所理想舒适，功能多元化；实验设施先进齐备，便于操作；图书馆服务周到细致；学生健康中心与校外社会医疗机构有效对接，福利优质高效；校园网络方便迅捷；体育场、大礼堂、电影院等文体场所宽敞舒适；所有这些设施都以方便学生使用为宗旨，为满足不同学生群体的使用提供不同的设施安排，并可以根据需求的不同随时进行调整。同时，为整合服务资源、提高服务效率，高校学生管理事务还可建立"一站式服务中心"。这些设施的提供一方面可以为师生学业的顺利进行、教育质量的提高提供强大的物质后盾，另一方面，也可以时时处处传达出一种敬业严谨和以学生为本的教育理念，发挥一种强大的文化教育功能。

二、管理环境支持

完善的组织管理是学生权利保障的基础，高校要加强学生管理事务的组织机构建设。学生管理事务的组织是做好学生管理事务的重要保证，也是学生管理事务职能科学化、学科化的具体体现，设计好学生管理事务的组织结构、优化学生管理事务的组织结构是当前学生管理事务体系的重要内容。目前各个高校基本上都有比较完善的组织结构形式，综合性大学都建有校、院、系三级组织结构或者校院两级管理结构。一般的院校也有领导决策机构、执行机构和信息反馈机构等。

国外高校大多设有专门的学生服务中心，负责管理教学以外的全部学生事务，机构设置齐全，涉及学生学习生活的方方面面，职责明确，管理人员敬业精细，服务的方式有个别辅导和团队辅导等，无论学生需要哪种服务都能得到及时迅捷、专业化服务，还有针对不同年级、不同专业、不同主题的专业讲座和论坛。另一方面，各高校的学生会和学生宿舍楼委员会也发挥了很大的自主、自助、自我教育作用，在和学校有关部门的沟通和联系方面发挥了强大的信息收集和反馈作用。所有的服务机构除了在网上公布强大的服务功能外，几乎都印有林林总总制作精美、便携式的信息手册，在图书馆、教学楼、学生公寓还有很多信息栏，方便学生迅捷地了解各部门的最新工作动态，以便学生及时得到相应的服务。

我国高校内部的组织机构中，以下的职能部门直接承担着学生权利保障方面的管理：一是学生工作部（处）及学院学生科，二是教务处。该部门对违反教学管理规定的学生拥有处分权，因此，应该直接承担对本、专科大学生受教育权和学习权的保障责任。三是研究生院（部）及学院研究生工作组，是大学中全面主管研究生管理的职能部门，拥有对研究生违纪事件的处分权力，因此也直接承担对研究生受教育权和学习权的保障责任。由此可见，从狭义上来说，高校中的学生工作部（处）及学院学生科、教务处、研究生院（部）及学院研究生工作组是直接承担学生权利保障工作的实体性机构。若从广义上来说，高校中的政治思想管理系统、教学系统、科研系统、后勤系统都要为大学生的全面发展服务，都要贯彻依法治校的理念，因而都要承担维护大学生合法权益的责任。

除了以上的组织机构外，在学生管理事务中还有一些常设性机构，为促进学生的全面发展服务，如学生听证委员会，学校在对违纪学生拟作出开除学籍处分、退学处理、取消入学资格时所设定的保障学生权益的机构；申诉处理委员会，受理申诉人的申诉，对学生提出的申诉进行复查，作出复查结论并告知申诉人。对需要改变原处分决定的，提交学校重新研究决定。如受理学生对取消入学资格、退学处理或违规、违纪处分的申诉；学生管理指导委员会在学校党委的领导下，协调、指导和研究学生资助与管理中的重大的、综合性的问题。如审议学校学生管理年度计划和学校学生管理的长期规划，审定记过以上学生违纪的处理和学生违纪的撤销问题，审定校级以上优秀学生的评选结果，审定上报上级部门的学生评优、评奖管理，研究学生突发事件的处理方案，等等。这些组织机构的建立健全是学生管理事务得以有效开展的基础。

第五节 学生权利的社会保障

一、家庭支持

学生的家庭对子女承担着养育的社会责任，高校学生不仅仅在经济上依赖于家庭，在情感上往往对家庭也有一定的依赖性，因而家庭也是学生权利保障的主体之一。高等教育，不是义务教育，而且大部分学生已经是成年人，家庭的义务更多是一种道德教化义务，经济支持不再是法律强制性义务。但实行高等教育成本分担制度以来，高校学费对于大部分刚跨出校门的学生（高三、大四毕业生）而言是一笔庞大的开支。这时候，家庭的经济支持对学生顺利完成学业将起着重要的保障作用。

家庭保障的另一个重要的渠道就是家长参与高校的学生管理事务，这是家长教育权在学校中的反映。作为子女教育的出资人，家长应具有这种权利。社会的发展使学校的教育管理日益复杂化，单靠学校的教育力量已不足以应付多元化的社会变革。家长更熟知学生的性格特点，家长来自社会各阶层、各领域，让家长参与学生管理事务，体现了学校办学民主，更利于提升教育效果，使学校顺利完成教育使命。同时，家长的参与能更好地发挥对学校管理的监督作用，更好地帮助学生维权。但目前的情况是对学校权利的监督主要来自上级教育行政部门和学校教职工，这种监督更多具有内部色彩。家长参与高校管理缺少配套的制度、机构及可操作的方案，致使渠道不畅、层次不高。家长更多的是起着配合学校教育学生的作用，而对学校管理的监督、决策不够。学校应完善参与机构、制定规章，明确家长的职责。在充分授权的同时，确定管理范围，加强调控，确保家长代表的代表性，同时为家长提供管理理论及校情培训，使家长在对涉及学生权益的处分及重大决策上享有知情权、申辩权，成为学生管理事务的知情者、协商者、决策者、评估者、监督者。①

二、社会支持

学生管理事务立足于社会发展的大背景下，学生权利的保障和实现离不开社会保障的

---

① 张衡. 我国受高等教育权保障机制研究——基于公立高校的研究视角 [D]. 江西师范大学. 2007：58.

支持。社会保障具体体现在支持和依法监督教育事业方面。首先，社会在公共文化设施及场所上对学生实行优惠，为学校组织的学生实习、社会实践活动提供帮助和便利，各种形式的社会文化教育活动也促进了学生的全面发展。同时各种形式奖学金、助学金的设立，也保障了品学兼优、家庭经济困难学生的受教育权得以实现；其次，针对目前社会参与监督渠道缺失局面，今后应通过完善制度，明确参与途径、方式、范围，来确保社会对高校学生管理事务重大决策出台及执行的监督。最后，对于高校中一些贫困学生的社会保障权利需要关注，比如贫困生的最低生活保障问题、自费生的医疗保障机制问题，等等，需要社会保障机构在管理中探索有效的保障措施和机制，积极解决此类问题，为这类学生的权益提供切实有效的保障。

第六章 国际背景下学生管理事务实践研究

高校学生管理事务工作是有规律可循的，在不断总结经验的基础上，抓住学生日常管理的关键环节，对学生实施及时有效的规范和养成教育是学生管理事务的重要切入点和着力点。这对于形成学生良好的风气和行为习惯具有重要的作用，也决定着高等教育管理的成败和人才培养目标的实现程度。学生管理事务实践的内容有很多，其中比较关键的包括新生与毕业生管理、社会实践与素质拓展管理、学习与生活管理等。本章就对这些内容进行相应的探讨，同时对国内外高校学生管理事务的实践进行一定的比较。

第一节 大学新生与毕业生管理实践

一、大学新生管理

大学是人生的一个新起点，对于踏入大学的新生而言，大学生活与中学生活有了很大的变化，需要大学新生予以良好适应。在社会实践中，很多大学生在入学之初都难以适应大学生活，因此加强大学新生管理十分必要。

（一）大学新生管理的原则

1. 实事求是原则

在新生管理的工作实践中要把握实事求是的原则意义在于，既不夸大大学环境对新生学习和生活的影响，也不缩小学生在面对环境适应问题上的主观能动性；既鼓励学生看到环境的优点和正面作用，又要警戒和激励学生珍惜大学时光，在有限的空间和时间内，完成自我升华。

2. 因材施教原则

大学新生的管理工作是一项复杂工程。新生来源区域分布广、个性差异较大，在短时间内将他们团结在一个班级、专业或年级等群体时，要注意他们性格特点、家庭环境、兴趣爱好等方面的差异，如发动性格外向的同学在自我组织管理方面的表率作用，鼓励性格内向的同学主动参与集体活动等。

3. 循序渐进原则

人对环境的适应是需要过程和时间的，尤其是新生既面临适应环境的压力，还要应对从高中生到大学生的心态转换。因此，在针对新生的管理工作中，不能操之过急，在鼓励学生对环境的适应过程中要把握好循序渐进的适度原则。

（二）大学新生管理的主要内容和方法

1. 做好新生入学辅导

在高校中，大学新生的入学辅导是指"高校组织与学生管理事务者协助大学新生成功地熟悉大学校园、了解大学文化、融入大学氛围、体会高校学生生活的指导性教育活动"①。

高校新生辅导工作主要是帮助新生熟悉校园的方方面面。具体包括熟悉学校的设备、服务以及各项活动等；帮助新生了解学校的各项规章制度；帮助新生了解新入学可能会发生的各类事件，并学习一般的应对策略；帮助学生了解学习、课程等方面的规定；帮助新生规划自己的学习、生活；帮助新生根据自己的实际情况制订适合自己、科学合理的选课计划；帮助新生学习读书、研究、写作的技巧；帮助新生扩展人际关系；帮助新生增进与他人分享个人经验的机会；帮助新生明确自己接受大学教育的目的，建立自我教育的目标；等等。

2. 建立和健全新生管理组织

考虑到新生的特点，有些学校把新生的教育和管理机构从老生中独立出来，成立由学校统一管理的新生管理系统，配备具有丰富的学生工作经验和认真负责精神的班主任、辅导员进行管理。新生的管理和教育以及各种活动统一由新生管理机构根据新生的特点统一安排。实践证明，这种办法能收到较好的成效。组织上需要解决的问题是新生管理如何和各系联系和衔接。这类组织可以是临时的，也可成为正式的，如有些学校的基础部。

此外，在新生管理中，组建一支班委会也是十分重要的，而组建班委会的关键在于挑选和推荐学生干部。要采取死材料和活材料相结合的办法，即不仅看档案材料中反映的担任过学生干部的经历，还要根据新生到校后一段时间的表现来挑选干部。但为了组织活动

① 储祖旺. 高校学生管理事务教程［M］. 北京：科学出版社，2009：192.

方便，可以先指定一两个临时负责干部先开展工作，然后根据学生在活动中的表现组织学生推选班干部，为学生服务。

3. 重视和加强宿舍管理

新生一进校，首先面临的是宿舍的集体生活。新生能不能在一进校就形成一个良好的宿舍生活环境，这对其健康成长极其重要。多年来，由于我们忽视宿舍管理，有些大学生宿舍成了错误思想滋生、违法乱纪的场所。所以新生一进校就要加强管理，以便营造培养良好的生活习惯、守纪精神和文明行为的宿舍环境，这对大学生的成长具有十分重要的意义。

加强新生宿舍管理要发挥优秀干部的作用，注重寝室长的挑选和培养。要集中室长进行宿舍管理的训练，要告诉他们宿舍管理的意义和各种规章制度，要告诉他们如何管理内务卫生，如何开展各种精神文明活动、如何开展寝室团结与合作，以及怎样建立值日生制度和大扫除制度。对寝室长也应制定工作职责，加强考核与督促，对管理能力较强的寝室长也要予以表扬。

4. 进行规章制度教育，让新生形成良好的学习生活习惯

良好的开端是成功的一半。一方面，在完善各项管理规章制度的基础上，要利用军训期间的氛围优势，加强学生对各项规章制度的学习，包括学校的学籍管理制度、行为管理和违纪处理制度、宿舍管理制度、安全管理制度等，可以采取集中宣讲、与高年级学生座谈、知识竞赛等多种形式。总之，要让学生知道在大学里应该做什么、可以做什么和不能做什么，要强调各项规章的严肃性和权威性。另一方面，对学生的管理一开始应该尽量严格，纠正部分学生"大学是自由的""大学学习很轻松"等思想认识误区，增强学生的遵纪守法意识、自我安全防范意识，帮助学生明确学习目标，端正学习态度，增强努力进取之心，进而形成和巩固学生日常管理的良性循环。

二、大学毕业生管理

这里的大学毕业生主要指的是正处于毕业阶段的大学生。对于他们来说，主要面临的问题就是在社会如何发展自己的事业。因此，大学毕业生管理的内容主要是通过职业发展与就业创业指导，帮助大学毕业生掌握相关的就业创业技巧，提升相关能力，从而顺利步入社会。

（一）大学毕业生管理的原则

1. 以学生为中心原则

大学毕业生管理以学生为中心，就是要把大学毕业生作为管理工作的主体，在管理工作中切实尊重大学毕业生的主体需求，把握他们的主体特点，有针对性地为他们提供一流

的、高效的指导与服务。这就需要高校在就业工作体制、就业工作队伍建设、就业制度制定等方面充分考虑学生的需求与利益；要从就业信息、就业指导、就业创业市场开发等环节为学生提供个性化、人本化的就业创业服务；要把学生利益放在首位，把就业工作当成一项关爱工程。

2. 以服务为取向原则

这是指高校管理者在开展毕业生管理工作时要以服务为主要内容和价值取向，不断强化自身服务意识，丰富服务内涵，时刻把有利于提升大学生就业能力、为大学生就业提供帮助作为自身工作的出发点和归宿，充分发挥"尽我所能、想您所想"的工作理念，在服务方法上与时俱进，提升就业服务的专业化水平，最终提高大学生的就业质量。在就业指导方面，管理者一定要本着服务的理念，帮助大学生明确职业定位，提供就业导航服务。就业导航服务是就业指导教师充分利用各种有效工具指导学生在兴趣、能力、价值观等方面进行科学的评估分析，帮助他们认真理清和分析学业完成的情况，建立毕业生就业档案，为他们明确职业定位提供导向服务。

3. 以育人为指导原则

这是指大学毕业生管理要坚持"育人为本"，要将育人贯穿于毕业生管理的每一环节，通过育人与管理相结合，促进大学生全面发展。这一原则是由大学毕业生管理的本质属性所决定的，是由大学毕业生管理所承载的职责所决定的，也是西方发达国家毕业生管理的成功经验和世界大学毕业生管理的发展趋势。贯彻这一原则需要高校立足和定位于大学生的生涯发展，体现帮助大学生实现职业理想的终极关怀；在对大学生的就业教育、管理、咨询、指导与服务中，始终考虑如何有利于学生的全面发展，如何有利于学生的成长成才，如何有利于实现学生的职业理想和人生目标。

（二）大学毕业生管理的主要内容和方法

1. 职业发展辅导

这部分内容又具体包括以下几个方面。

第一，帮助大学生自我认知。通过课程、咨询、工作坊、在线工具等帮助大学生进行清晰的自我认知，让他们更好地了解自己的兴趣、性格、价值观、技能等。

第二，帮助大学生了解社会，积累职业信息，了解专业。虽然在我国的高校，转换专业不是很容易，但是引导大学生去认识自己的专业仍然是非常重要的一个内容。在认识专业的基础上，向大学生介绍职业世界，让他们了解职业的种类、领域以及不同职业对人的要求，激发大学生对某种职业领域的兴趣，引导大学生进行最初的职业探索。大学生在了解职业、了解自我的基础上，找到职业发展方向，发展正确的职业自我概念，提高自我决策能力。

第三，帮助大学生提升职业素养。这是指帮助大学毕业生通过前期的自我探索和职业探索活动，了解岗位需求，有针对性地采取行动，提升目标职业所需要的各种职业素养，包括领导能力、人际沟通能力、语言表达能力、时间管理能力等。

2. 就业信息服务

在当今这个信息大爆炸的时代，对于面临求职择业的大学毕业生来说，在清晰地认识自身条件的同时，获取的就业信息越多，把握就业信息的速度越快，拥有的就业资源就越多，竞争力也就越强。所以，高校为大学毕业生提供就业信息服务就成了毕业生管理中的重要内容。有调查显示，高校就业中心平均有三分之一的时间放在了就业信息提供和就业渠道开拓的工作上。具体包括招聘会的组织、就业信息的发布、就业市场的维护和开拓、实习渠道的维护和开拓等。总之，为了给毕业生提供真实、准确、及时、有效的就业信息，确保大学毕业生就业工作的顺利进行，高校就业管理人员一定要利用各种渠道广泛、全面、准确地搜集与大学毕业生择业有关的各种信息，不断完善和创新就业信息的系统管理工作。

3. 求职指导

求职指导是帮助大学生提高求职能力的必要环节。高校在毕业生管理中一定要重视求职指导。这一内容主要指通过课程、工作坊、个体咨询、模拟面试等方式，帮助大学生学习简历的撰写、如何笔试、面试等，帮助大学生提升求职的准确度和命中率。

4. 校园招聘活动的组织

校园招聘活动对大学生成功就业有着重大的意义。它有利于为大学毕业生提供更多的就业机会，有利于提高大学毕业生的就业能力。对于校园招聘活动，管理者应重点做好以下工作：一是做好宣传推广工作，利用新闻媒介宣传、印发宣传品、电话联系、寄发邀请函等形式组织用人单位参会；二是以海报、网络、短信等形式广泛通知毕业生参会，并系统全面地传递招聘会相关信息；三是招聘活动组织过程中要确保安全，加强就业服务的针对性；四是加强对用人单位、毕业生的诚信认证，防范"就业陷阱"。

5. 就业研究

为了提高就业指导水平，使职业发展与就业指导工作更具科学性、专业性、有效性，高校就业管理人员应根据本国国情、本校校情，在理论体系、实施方法、师资建设等方面开展本土化的研究。

6. 创业教育

高校不仅要指导大学生顺利就业，还应当加强大学生的创业教育，引导大学生从就业走向创业。高校创业教育活动的开展应当着重抓住以下几个方面。

第一，培养大学生的创业意识。要教育和引导大学生更新就业观念，增强创新意识，培育创业精神，增强自主创业的信心和勇气。同时，还要使大学生意识到，创业者既是个人命运的主宰者，也是社会财富的创造者。创业不仅实现了自我就业，还为社会提供更多的就业岗位。创业是最理想的职业，也是最可靠的就业。

第二，提高大学生的创业能力。创业是一种复杂的劳动，创业者需要有卓越的综合能力，主要包括敏锐的洞察能力、科学的决策能力、选用人才的能力和社会交际能力。创业教育就是要着力提高大学生创业技能，培养大学生良好的个性，发展大学生的创造力。

第三，积极开展大学生创业实践活动。"实践是检验真理的唯一标准"，因此，在大学生创业教育中，创业实践活动是非常重要的。它能使大学生进一步巩固知识，激发创业欲望，提高将所学知识和技能转化为实际运用的能力，还能培养情感和意志，树立坚定的社会责任感，进而实现创业所需综合能力的全面提高。全社会要营造良好的氛围，促使更多的创新型、创业型、复合型的高层次人才竞相涌现。加强大学生创业教育的实践训练，可以成立专门的大学生自主创业管理机构，对大学生的创业实践与训练工作进行指导与协调，帮助大学生从实践训练中体会自主创业的感觉、形成自主创业体验；可以采取"引进来、走出去"的方式，将企业的高级技术人才和管理人才请到高校对大学生进行技术指导和管理培训；可以鼓励、支持大学生利用实训期、寒暑假等机会到企业进行学习、交流和理论知识讲授；可以自办企业，为本校大学生提供实习实训和创业机会；可以组织创业大赛，将比赛中脱颖而出的大学生推荐到相关企业进行实习；可以鼓励大学生利用课余时间、周末、寒暑假创立一些小型的实体。

第二节　大学生社会实践与素质拓展管理实践

一、大学生社会实践

(一) 社会实践的类型和流程

1. 社会实践的类型

我国大学生社会实践活动的内容丰富、形式多样。社会实践活动基本类型的划分标准并不统一，本文按照社会实践活动开展的时间，将其划分为课程学习中的社会实践、日常课外社会实践和假期社会实践三个基本类型。

(1) 大学生课程学习中的社会实践。大学生课程学习活动是高等教育最重要且最主要的组成部分，是教师和学生投入主要时间的学习实践形式，是培育大学生健康成长成才的主要方式。大学生课程学习中的社会实践是在理论和实践相结合的教学理念指导下，科学布局教学工作，根据不同的学科专业设置不同的课堂理论教学环节和实践环节。这种社会实践，以教师作为主导者，通过教学，使学生发生理念、知识、技能、能力等方面的改变；以学生作为主体，通过课程学习实践，不断进行认识—实践—认识的反复循环，达到认识事物的目标。总之，该实践是以丰富多样的教学形式作为载体开展的以促进学生全面发展的活动总和。它是师生高度互动的学习实践活动，是大学生社会实践在高校教学平台运行的基本类型。

（2）大学生日常课外社会实践。大学生日常课外活动是除去课程学习活动，占据大学生在校学习生活的另一主要组成部分，是高等教育另一个重要的教育阵地，是以教师间接参与、学生主动参与为主的学习实践形式。大学生日常课外社会实践是在学校的指导和规范下，以教师为引导者，以学生为主导和主体，学生主动策划、实施，以课外时间为活动时间，以学生兴趣为牵引，以丰富多样的活动形式为载体，引导学生强化专业实践、走进社会，促进学生全面发展的活动总和。它是学生间高度互动的学习实践活动，是大学生社会实践在以校园为主要平台，并辐射校园周边的基本类型。大学生日常课外社会实践活动可根据实践内容分为道德修养类实践、人文素养类实践、学术科技类实践、创业实践、志愿服务类实践和勤工助学类实践六大类。

（3）大学生假期社会实践。大学生假期社会实践是以党的教育方针为指导思想，学校具体指导和安排，以教师为引导者，以学生为主体，以假期时间为活动时间，以学生的实际情况为基础，以丰富的社会资源为依托，以顺应时代、弘扬时代主旋律为主题的实践活动形式为载体，引导学生走出校园，走进社会，深入了解国情和社会情况的系列活动总和。它是学生与社会间高度互动的学习实践活动，是大学生社会实践在社会平台运行的基本类型。大学生假期社会实践活动可根据实践内容分为社会调查实践、生产实习实践、志愿服务实践三大类。

2. 社会实践的流程

社会实践根据主题和类型的不同，流程也有所区别，但是从总体来讲大同小异。社会实践活动的基本流程如下。

（1）组建团队。社会实践团队可以是几位志趣相投的学生，以学院为单位组队，也可以视具体情况，跨院系、跨专业、跨年级自由组团，还可以由负责学生工作的老师牵头组团。

（2）确定主题。各团队可以根据自身实际情况，选择感兴趣的话题作为实践主题，并根据主题选择实践地点和设定实践计划，提前联系好接受单位。为方便与实践地点及接受单位联系，学校或学院的主管部门可开具社会实践介绍信、证明等。

（3）申报立项。各团队根据准备情况和联系情况，需在规定的时间内向学校或学院的主管部门提出立项申请，明确实践主题和内容。

（4）项目审核。学校或学院主管部门对上交的各团队项目内容进行审核，并组织立项答辩，进一步明确实践主题和内容，最终确定批准的团队及重点资助的团队。

（5）经费审批。学校或学院主管部门可根据地区导向、主题导向、路程远近、人数多少、项目价值、筹备情况、答辩情况等因素进行综合考虑，确定各队的经费支持力度。

（6）开展实践。各团队奔赴目的地，根据之前明确的实践主题和内容开展相关社会实践活动并记录社会实践日记，撰写社会实践报告。

（7）评比表彰。实践结束后每个团队提交一份社会实践调查报告和若干活动照片，团队的每名成员提交一份个人社会实践调查报告、论文或日记。学校或学院主管部门组织评委对社会实践团队工作情况进行评审，确定优秀社会实践调查团队、社会实践先进个人，并进行表彰。

（二）我国大学生社会实践存在的问题及对策

1. 我国大学生社会实践存在的问题

为了找出一条更加明确的问题链，我们按照活动进程阶段分解的方式对社会实践活动分成三个阶段，逐个分析，力图得到更加全面清晰的分析结果，为问题根源的追溯和解决问题方式方法提供更加有利的思路和条件。

（1）实践活动的前期准备阶段存在的问题。从认识的角度看，社会实践的三个主体对社会实践目标与意义的认识不够，这是造成现存的很多问题的根源，关乎教育的成效。解决该问题不仅需要多方面的共同努力，而且任重道远。这里说的三个主体主要包括学校、学生、用人单位。当然，学生家长也是社会实践过程中具有影响力的一个群体，但由于其有限的参与份额，我们并不将其列入关键因素之中。这三个主体可能对什么是社会实践、为什么要参加社会实践以及社会实践的内涵还没有足够的了解和认识。这种目标的模糊性和意义的不确定性使得三方主体没有足够的热情或参与或支持社会实践活动。

（2）实践活动的进行阶段存在的问题。

首先，较多社会实践活动只是流于形式。一些学校为了应付上级部门下达的任务，表面重视，实则短期活动行为多而已。

其次，个人返乡实践的能量是单薄的。在实践活动中，遇到的很多问题单凭一个人的力量是无法解决的，需要其他人的协助或是需要合理有效的分工才能顺利完成任务。大学生返乡实践很少，且多是个人的，很难完成社会实践任务。

最后，学校缺乏足够稳定的物质依托。在社会实践方面，虽然学校有一些经验，但是通常没有固定的活动领导小组、有效的考核方法与奖惩制度，在学生出现问题的时候也缺乏相关及时的理论与行动指导。制度不完备的同时物质也并不充足，表现为许多学校都存在经费紧张的问题，而学校非但没有采用正确的渠道解决问题，还往往采用缩短实践时间和实践距离的方式节约开支。

（3）实践后期评价与推广阶段存在的问题。目前各高校对大学生社会实践没有一套科学的评价制度。主要表现在以下两大方面：一是缺乏组织制度；二是缺乏检查制度。往往只是开学后递交一篇社会实践报告和单位证明，对于报告一般只有字数规定，这样的评价是有失公平的。

学生没有动力对实践相关过程进行深入的思考与细致的总结，自然也容易导致官话、套话连篇。这样一来，社会实践对于学生来说也就没有什么实际的意义了。另外，激励机制不健全。社会实践活动搞得好坏与否没有多大的差别，搞得好得不到肯定以及奖励，搞得坏也不用担心受到批评，因此也就没有多少人愿意付之劳动和思考，社会实践也就成为一纸空文。

2. 对策与建议

要真正实现社会实践对大学生的育人作用，使之广泛、深入、持久地开展下去，那么高校就一定要以人为本，以实践育人为根本思想，根据当前和未来经济社会发展形势，结合高校、大学生自身等的实际和发展要求，不断深化对大学生社会实践的认识，不断完善、健全大学生社会实践的制度体系，不断丰富、创新大学生社会实践的组织形式。这需要各个社会主体的共同参与支持。具体而言，可以从以下两大方面入手。

第一，深化认识，转变观念，高度重视大学生社会实践在人才培育中的作用。要做到这点，需要从三个方面入手：一是要结合实际，创新意识，更新高校社会实践的指导思想；二是要以人为本，加强教育，深化大学生的社会实践主体意识；三是要加强宣传，注重沟通，更新社会对大学生社会实践的认识。

第二，完善制度，注重过程，建立大学生社会实践的长效机制。在社会实践的初期阶段，要建立制度，夯实基础，完善大学生社会实践育人体系；把握宣传时机，深化实践意识，建立良性循环的社会实践宣传工作；建立培训体系，规范实践，帮助学生提前应对问题。在社会实践的中期阶段，要构建实践体系，引导学生科学策划具体实践；与社会接轨，整合资源配置，健全社会实践保障机制。在社会实践的后期阶段，要科学设计，合理评价，优化社会实践考评机制；注重总结提炼，把握后期宣传，促进实践成果内化育人。

社会实践后期的总结提升是非常重要的，不但是对实践成果的总结提炼，还是很好的宣传教育手段。通过提交实践论文、重点实践对答辩等环节，引导学生对整个实践过程进行总结提炼，使得学生从实践中汲取丰富的养分，形成优秀的实践成果，为今后的实践提供非常有价值的第一手资料和宝贵经验。通过对重点实践队的专题追踪、深度报道和成果展示，扩大影响力，为引导和推动社会实践活动的深入发展提供良好的舆论环境。

二、大学生素质拓展实践

(一) 素质拓展的概念

拓展一词起初是作为一种独特的训练方式，通过专门设计具有针对性和挑战性的课程，利用种种典型的场景和活动方式，让团队和个人经历一系列的考验，磨炼克服困难的毅力和积极进取的人生态度、增强团队意识的一种体验式学习方式。拓展训练课程强调健身性、挑战性、终身性和实用性，突出学生学习的主动性、积极性和创造性，具有途径多、方法多样、形式灵活、内容丰富等特点。它能激发学生的学习兴趣，满足学生学习的需要，加强学生的主体地位，让每一个学生都能找到自己在集体中的位置，重视学生能力的培养，这也正体现了现代教育理念。

在此基础上，高校学生管理事务引入了拓展这个概念，并将其与大学生的素质相结合，开展大学生素质拓展教育，提高大学生综合素质。素质拓展着眼于大学生个体的内在潜能，根据个体差异给予充分的引导、激励、唤醒和鼓舞，使每个大学生的潜能得到最大限度的开发，将作为人的本质的创造精神引发出来，使大学生成为自主自觉、和谐发展的健全个人。

(二) 大学生素质拓展实践的内容

1. 课外实践

随着知识经济时代的到来，社会迫切需要高等院校培养出更多具有创新精神和实践能力的高素质人才。作为教育学概念的课外实践，是指学校有目的、有组织、有计划地在不受教育计划、教学大纲、教科书限制的条件下，利用课余的时间和空间在学生中开展的多种多样的教育活动。这些活动对培养具有创新意识与创新能力的人才，推进高校管理者不断自我完善、自我提高，促进高校与国家创新体系的进一步完善具有十分重要的意义。

2. 通识教育

通识教育作为一种提高学生的人文素养、社会适应能力以及社会关怀精神而实施的教育，是指大学教育应给学生全面的教育和训练。通识教育的内容是高等教育的重要组成部分，指职业性和专业性以外的那部分教育，其实质是继承自由与人文传统，培养健全的个人和自由社会中健全的公民，使学生全面理解人类社会及科学技术的发展规律。

大学生享受优越物质条件的同时，越来越感到精神迷茫、心灵空虚和情感压抑。通识教育是造就具备远大眼光、通融识见、博雅精神和优美情感人才的高层文明教育和完备的人性教育，是关注人的生活的、道德的、情感的和理智的和谐发展的教育，是关于人的生活的各个领域的知识和技能的教育，是非专业性的、非职业性的、非功利性的综合性教育。因此，高校的学生管理事务者应逐渐加大对通识教育的重视程度，积极引导学生开展丰富多彩的第二课堂活动，营造良好的校园文化氛围。

3. 领导力培养

领导力是一种人格魅力，拥有这种魅力的人，能够在一些团体中迅速地得到认可，并充当起核心的角色，引导团体的某一些决策和行为。领导力应包括情绪稳定、主导能力、勤勤恳恳、处事大胆、意志坚强和自制力等素质。

高校在今后的学生管理事务中，应列入领导力培养的内容，积极营造培育和熏陶领导力的有利环境，为学生成长进步创造良好氛围，并把提升领导力的理念与学生日常事务的管理、学生活动组织以及每个人的日常行为举止巧妙地结合起来，使领导力的提升变成每个人的日常需要。

4. 交往能力培养

大学时期是一个关注交往、需要理解、渴望友谊的时期。在人际交往日益频繁的今天，交往能力也越来越受到大学生的重视。大学生在经历了大学教育后，最终大多还是要归于社会。通过人际交往结成一定的人际关系，是大学生适应环境、适应社会生活、交流信息、获取知识、担当一定社会角色、培养健全人格的基本途径。在大学校园里建立良好的人际关系，形成团结友爱、朝气蓬勃的环境，将有利于大学生形成和发展健康的个性品质。因此，培养大学生的交往能力、养成正确的人际交往观念具有十分重要的意义。在高校的学生管理事务中，必须加强对学生交往能力方面的教育和引导。

第三节　大学生学习与生活管理实践

一、大学生学习管理

进入大学后，大学生的生活变得丰富起来，但学习还是其最重要的任务。因此，大学生学习管理也是高校学生管理事务实践中的重要内容。进行学习管理主要是为了帮助大学生培养积极的学习意识，掌握科学的学习方法，养成良好的学习习惯。

（一）大学生学习的实质

"学习"一词，在我国古代原是两个词，即学和习。孔子曰："学而时习之。"许慎认为，学"觉悟也"，习"数飞也"。用现在的话说，学就是使人获得知识，有所启示，提高认识；习就是像鸟儿来回飞翔一样，反复运用知识，形成技能技巧。学和习两个词到后来逐渐复合，成为含有今义的学习一词，其含义包括"博学、审问、慎思、明辨、笃行"五个环节，这是人类认知活动的一个相对独立的完整过程。

从最广泛的现代意义上理解，学习是指人在生活过程中获得个体经验及行为变化的过程，是"凭借经验产生的比较持久的行为变化"。即"由于外界接触及与其他人交往而使我们的行为所产生的某些变化"。在此意义上讲，活到老学到老，这是学习的第一个层次，即指一般人的学习。学习的第二个层次专指学生的学习，包括小学、中学和大学这三个阶段的学习，这是在特定条件下进行的一种有计划、有目的、有组织的认知（学习）活动，大学生学习是第二个层次第三个阶段的学习，是大学生活最主要的内容；大学生在大学期间最根本的任务就是学习。学习是大学生获取专业知识和技能、提高综合素质和能力的过程，是大学生获得学习成果和学习效益的途径。大学生学习的实质就是大学生认知、提高和发展的过程，即从未知向已知、由知之不多向知之较多、自不完全不确切的知向较完全较确切的知的转变过程。

另外，就大学生学习活动而言，它是一个极其错综复杂的过程，大体可概括为三个基本阶段、七个基本环节。三个基本阶段是：基础学习阶段，偏重于基本理论、基本知识和基本技能的学习；专业学习阶段，主要是学习专业理论、专业知识和专业技能；技能训练阶段，侧重在实习、实践及所学理论知识与技能的综合运用。七个基本环节是：课前预习、课堂听课、课后复习、练习巩固、课外学习、实践训练和毕业论文（设计）。

总之，大学生学习活动既是一个有机的系统和整体，又是一个不断进化与提高的过程，一般都必须依次经历三个基本阶段和七个基本环节，无论缺少了其中哪一阶段、哪一环节，都会破坏学习的周期规律，直接影响学习的效果。

（二）大学生学习行为的特点

大学生的学习行为具有以下三个方面的突出特点。

1. 专业性与广泛性并存

由于高等教育在培养目标、教学内容、课程设置上具有明确的专业划分，因而大学生的学习活动一般都围绕某一类专门性学科、依据专业的培养目标展开，其学习行为的专业性特征非常明显。不过，大学课程体系中也包含外语、计算机等共同课程，伴随大学生学习活动空间的改变而逐渐从课内向课外拓展，他们还要经常根据自身兴趣爱好广泛涉猎、自主学习各种理论知识和技能。所以整体来看，大学生的学习行为既具有专业性，又具有广泛性。

2. 自主性与依赖性并存

当前高等教育实行学分制和弹性学制，因而大学生的学习行为具有鲜明的自主性特征。他们可以在完成规定课程学习的基础上自由选课，有较多的业余时间对学习目标和内容进行规划设计，有目的地开展学习活动。但是，大学生由于受到自身素质、知识结构、学习能力等方面的限制，他们在学习上还是存在一定的依赖性，需要得到教师的指导。因此，自主性与依赖性并存就成了大学生的一个重要特点。

3. 阶段性与整体性并存

大学生在大学学习的不同阶段，其学习目标和学习重点也往往各不相同。例如，本科生在一年级时学习处于过渡期，还处于中学和大学之间的转型阶段，其学习行为多侧重对专业基础知识和公共基础知识的学习。二年级时，大学生已经开始侧重进行各种专业理论和基本技能学习，这一阶段的学习行为往往呈现出一定的稳定性。到了大三，大学生的学习目标日益明晰，学习内容逐渐向纵深发展。围绕各自目标，学生的学习行为差别趋于明显。进入大四，大学生开始面对择业问题并即将走向社会，学习行为更具有实用化、实践化的倾向，如进行专业实习、毕业设计、参加就业技能培训等。虽然在不同的阶段大学生的行为有不同的特点，但从整体上看，大学生的择业成才的学习目标相对确定、所学专业的学习内容相对稳定，学习行为始终围绕自身的学习目标和学习内容这一核心开展。所以，大学生的学习行为既具有阶段性，又具有整体性。

（三）大学生学习管理的主要内容和方法

1. 相关制度与机制的建设

（1）完善教学管理制度。各高校应结合自己学校的情况，制定相应的学生管理办法或实施细则，包括关于专业和课程修读方面的规定、学籍注册及异动的规定、学习纪律的规定、学业成绩管理的规定等。制定这些规章制度时，高校应注意依据国家的法律法规以及本校的相关办法进行，不能与国家法律和规定相矛盾；应充分考虑全体学生的利益，维护学生的学习权利；应与本校实际相符合，具有可操作性，具体细节规定尽量明确；应保持制度的连贯性，便于形成良好的习惯和风气。

（2）建立有效的学习激励机制。激励机制是大学生学习动力系统的重要组成部分。在大学生学习管理中，要建立有效的学习激励机制，学生管理事务者应尽可能做到以下几个方面：一是学业成绩的奖励可以是物质性的、精神荣誉的，还可以是给予更多更好的学习机会或学习资源，如进入实验班学习、有权获得借阅更多的图书资料、使用高级别的专用实验室等；二是开展必要的学习科技竞赛活动，并及时给予奖励，但要注意个人参与和集体（小组）参与相结合，便于相互学习和团结协作；三是建立公正、公平、公开的学习综合评价或考核体系；四是指导学生进行正确的学习结果分析，尽可能从自身内在因素（能力、努力、身心状态）和可控因素（努力）等方面寻找原因，对后续的学习行为产生积极的影响；五是严格课堂教学管理及课程考核与成绩管理，让学生形成认真严肃的态度。

（3）严格与学习相关的惩罚机制。在学习上，大学生如果不能按期按要求完成规定的学习任务，理应接受相应的惩罚。惩罚有的是直接给予式的，如处罚；有的是剥夺式的，如限制资格。需要注意的是，惩罚的目的在于让学生知过能改，制止其不良学习行为。所以，惩罚要适当适度，以利于引导学生自我评价和自我调节学习行为。

2. 学务指导

学务指导是大学生学习指导与管理的重要措施之一，是过去学习指导与管理的继承与创新。当前的学务指导更加强调主动服务于学生的学习，主动把关于学习的系统知识和技巧传授给学生，让学生学会学习，并激发学生学习的主动性、创造性。同时，关注学生学习中出现的各种问题，及时给予咨询和指导也是学务指导的重要内容。

与我国高校现行的班主任制度不同，学务指导对指导者（教师、学生管理事务者等）的业务素质要求更高，强调对学生的个别指导和针对性指导，强调学生本人的参与。作为一项针对性很强的实践工作，学务指导在学生所处的不同学习阶段有着不同的工作任务。在一、二年级，指导教师要介绍大学学习与生活的特点，使学生能够迅速适应大学的学习与生活；帮助学生了解学校各种可以利用的教学资源，引导学生充分利用这些教学资源，积极、主动地学习；介绍学科和专业的教学内容、研究方向和发展前沿，使学生尽早了解相关专业内容与发展方向；在充分了解人才培养方案及教学计划的前提下，尊重学生的兴趣和志向，注意知识结构的系统性，指导学生选课、选专业，对学生辅修第二专业给予建议和指导；在可能的情况下，安排学生参加一些学术活动。到了三、四年级，指导教师要尽可能地安排学生参加教学或科研课题研究，使学生在实践中接受系统的技能训练和科学素养的培养；同时，尽可能地让学生参加学术和科技咨询活动，鼓励和引导他们扩大视野，活跃创新思维；在学生选择职业等问题上给予指导与建议等。

3. 学习困难咨询

所谓学习困难，就是指大学生在学业成绩方面明显低于同学的平均水平，难以按照教学计划的要求顺利进行后续课程学习的一种状态。为了促进大学生学习效率的整体提高，学生管理事务者和学务指导教师应当对那些在学习上有困难的学生给予特别的关注。这就是学习困难咨询，它是大学生学习管理中一项重要的补充内容。

普通高校的大学生如果一学期不及格的主干课程达三门及以上；或一学期有 10 学分以上未取得；或在按教学计划正常修读课程中不及格课程学分累计达 16 学分及以上，视为学生学习困难，也称为学生"学业不良"。要想获得更好的学习困难咨询效果，高校学生管理事务者应坚持以学业评价为手段，加强学业状况的动态管理；采取有效的激励机制，促进学生的学业自律。要坚持预防为主、指导优先的原则，鼓励和帮助学业不良的学生自我调整和逐步改善学习效果。同时，以下几个方面也是做好学习困难咨询的重要措施。

第一，建立学业成绩的预警和过程干预机制。这主要是指对大学生每学期或学年取得学分总量进行监察，及时发现大学生学业上的不良状况，对取得学分过低的大学生进行调查分析和必要的干预，积极采取补救措施，指导和帮助大学生顺利完成学业。

第二，帮助学生调整学习状态。大学学习咨询要主动对大学生存在的学习态度和动机偏差问题、学习方法问题、专业认识等问题，进行指导咨询，细致耐心地回答和解决。

第三，开设学习指导讲座和课程，帮助学生改进学习策略。学习困难的大学生，除了学习动力不足，很多还存在学习策略不当的问题，如学习时间的管理策略、学习的自我监控和调节策略、环境与方法选择策略等。而开设专门的讲座和课程，能引导学生探索和掌握适合的学习策略。

4. 大学生课余学术科技活动指导

大学生课余学术科技活动指导是大学生学习管理的一个延伸内容。这一内容主要目的是鼓励在校大学生参加科研活动，更多地接受科学研究的基本训练，培养学生的创新精神和实践能力，促进浓厚的学术科技氛围的形成。

大学生课余学术科技活动的主要形式有大学生论坛、专家讲座、大学生优秀科研成果评奖、大学生课外科研立项及科技论文报告会等，以及"挑战杯"大学生课外学术科技作品及创业计划竞赛、电子设计大赛、数学建模大赛、机器人设计大赛等学科竞赛或专项竞赛活动。组织这些活动时，高校应成立大学生科技活动领导小组，负责全校学生课余学术科技活动的规划、领导、组织、协调。同时，成立学生科技活动专家指导委员会，负责各类课余学术科技活动的立项、指导和评审工作。当然，设立"大学生科技创新基地"，建立"大学生课余科研基金"、大学生竞赛基金专项经费等，也能很好地引导和支持大学生的课余学术科技活动，锻炼和培养他们的动手能力和创造力。对于学生管理事务者来说，要通过不同的途径和方式组织学生参与课余学术科技活动，把普及学生科技活动、动员学生积极参与课余学术科技活动作为自身重要的工作任务。

二、大学生生活管理

大学生的生活服务是一个由多领域、多因素、多环节组成的复杂系统。因此，对其管理，也是个系统工程。这里所研究的大学生生活管理，主要是从对大学生进行辅导、服务的角度进行研究的。大学生生活管理主要包括宿舍管理、就餐管理、安全教育管理这三大方面。

（一）宿舍管理

高校学生宿舍管理是指学校相关部门和人员按照指定的目标和规章制度对宿舍以及相关人员进行的管理。内容包括分配宿舍及人员管理、建立作息制度、公共区域管理、治安管理、卫生管理、维修制度、水电管理等。

从1999年起，我国开始了大规模的高校扩招。扩招政策实施以后，我国高等教育毛入学率有了很大的提高，实现了高等教育的大众化，高校学生数量的增加与高校资源紧缺之间的矛盾日益明显。与此同时，由于学生公寓化速度较快，大部分高校学生宿舍管理存在着重硬件改善、轻软件提高的"重建轻管"的现象。随着后勤社会化改革步伐的加快，学生宿舍也呈现出社会化的发展趋势，硬件条件得到明显改善。相对而言，作为软件方面的管理工作，改革步子还是不大。

当前，学生宿舍管理出现各种问题，宿舍已经成为学生不良风气滋生的场所。第一，网络影响宿舍作息时间。如今，很多学生宿舍都能上网，但是很多学生缺少自制力，玩网游、看电影、聊天等，成为影响到课率的重要因素之一。第二，"自我"影响宿舍内部团结。大学生以自我为中心的现象比较严重。部分学生缺乏人际交往能力，不喜欢和别人交流，在宿舍内部我行我素，容易导致矛盾。再加上宿舍成员因性格、生活习惯、家庭环境等不同而导致有些学生喜欢独来独往，不愿意加入宿舍集体活动中，严重影响了宿舍内部的团结。第三，没有发挥寝室长、层长、楼长作用。虽然各个宿舍都有寝室长，但是他们发挥的作用很小。如何充分发挥寝室长、层长、楼长作用搞好宿舍管理，是一个值得研究的问题。第四，规章制度落实不到位。通常情况下，高校对大学生宿舍的生活、学习、道德规范等都做了规定，但很少有学生能从内心深处意识到宿舍管理规定的重要性，这导致规章制度落实不到位，发挥不了作用。第五，缺乏宿舍文化建设。价值观、人生观还没定型的大学生大多不具备深层次的审美情趣和艺术修养，极易受网络文化的影响，宿舍内文艺活动呈现出单调和低层次的特点，观看娱乐节目、玩网游成为主要娱乐方式。

对于上述问题，高校管理者要树立"以学生为本"的管理理念，以服务促发展，创造优良的宿舍环境。学生宿舍管理工作必须将教育与自我教育相结合、管理与自我管理相结合、服务与自我服务相结合。具体可从以下几点入手。

（1）明确职责，加强服务。学院领导及相关部门应该高度重视宿舍管理工作，要明确各职能部门间的协作关系和各自的岗位责任。同时，要加强宿舍维护，按计划逐年对学生宿舍的各种设施进行维修、更换和添置。另外，可以适当增加服务项目，为学生提供多种活动场所和娱乐设施。

（2）加强制度建设。建立健全规章制度，明确职责，使宿舍管理规范化、科学化。在学生宿舍管理中，应尊重、保护学生的合法权益；建立学生宿舍管理的监督、保障机制。

（3）加强网络活动的文化引导。一是开展一些网上教育、交流、讨论等活动，让学生认识到不良风气造成的影响，如学生的同居现象、商业文化、功利主义思想的冲击等，并自觉产生相应的抵抗力；二是开展一些融思想性、知识性、趣味性于一体的网上校园文化活动，正确引导广大学生参与的热情和兴趣，把主旋律引到健康的校园网络上来。

（4）充分发挥寝室长、层长、楼长的作用。高校管理者要提高认识，把以宿舍为中心的管理转移到以学生为中心上来。学生既是管理的承载体，也是管理的主体。学生本身就是宿舍的主人，他们对宿舍各种情况了如指掌，由他们来参与更能对症下药，更有针对性。大学生有丰富的知识、旺盛的精力和较强的参与意识，这为引进学生自我管理机制提供了可能。作为管理者，要善于引导，善于充分调动学生作为主体的积极性，发挥其主观能动性。对此，管理者要让学生认识到寝室长、层长、楼长等职务相应的职责和权利，要他们主动担任这个角色。同时，要定期对寝室长进行培训，帮助他们根据自己宿舍具体情况建立健全卫生值日制度、宿舍作息制度等，发挥寝室长、层长、楼长的监督带头作用，创造积极健康的宿舍文化氛围。

（5）开展竞赛活动，增强集体意识。竞赛活动的开展，能让宿舍所有成员团结起来，感受到集体的力量，增加同学间的相互理解和信任，利于构建和谐的宿舍环境。例如，可以开展创建文明寝室活动、宿舍棋艺大赛等活动。

总之，加强宿舍管理是做好学生管理工作的一个非常重要的途径，要借鉴国内外先进的管理经验，不断探索宿舍管理的新思路、新方法，把学生宿舍建设成育人阵地。

（二）就餐管理

大学生正处在身心发育极为重要的青年期，他们在校期间身体发育和体脑消耗所需要的营养，主要靠一日三餐的膳食提供。办好学生食堂，提高伙食质量，是保障教学顺利进行、增强学生体质的基本条件，也是巩固学校安定团结的重要条件之一，高校必须把它作为后勤工作的中心环节，切实抓紧抓好。

1. 学生食堂的性质

我国高校学生食堂具有鲜明的福利性质，具体表现在：国家按高校的规模投资建设学生食堂，无偿提供给学校使用；国家按学生人数划拨伙食管理费用，并规定学生食堂不纳税；学校成立伙食管理部门，配备炊管人员，购置炊具设备，把学生伙食工作作为后勤工作的重点来抓；国家规定学生食堂微利经营，伙食盈亏幅度要控制在能维持食堂的正常经营、少盈不亏的范围内，以确保伙食质量和学生的利益。我国高校学生食堂的这种福利性质，从 20 世纪 50 年代初延续至今，充分体现了党和政府对高等教育的重视和支持。它符合我国国情，对全面贯彻党的教育方针，培养德智体全面发展的合格人才，起到了支持和保证的作用。

福利性学生食堂还将在我国继续办下去，这可以说是全国高校伙食管理同行的共识。如何将国家给予学生伙食有限的福利性补贴使用得更加科学，如何进一步提高学生食堂自身的生产能力和经营管理水平，则是当前高校伙食管理改革正在进一步探讨解决的问题。

2. 学生食堂的任务

学生食堂的主要任务是为大学生提供营养、卫生、可口、实惠的膳食，保证就餐者吃好、吃饱，从膳食中获取充分的营养和热量。

（1）保证伙食质量。抓好伙食质量是学生食堂的中心工作。伙食行家认为，衡量学生伙食质量的标准主要有三条：一是学生从膳食中摄取的营养是否达到基本要求；二是食堂的花色品种及其味道是否受到学生的认可和欢迎；三是食品的分量是否充足，价格是否合理。

据有关资料，我国大学生需要的热量，男学生应达到 3 000 大卡/天（12.6 兆焦/天），女学生 2 700 ～ 2 800 大卡/天（11.3 ～ 11.7 兆焦/天）。根据这一标准，大学生每天饮食中，大约应含蛋白质 75 ～ 80 克，脂肪 50 克，碳水化合物 500 克，此外，还要有各种维生素等。食堂要参照这一科学依据，举办"营养卫生"讲座，普及营养卫生知识，培养、配备专职营养卫生人员，抓好食物的合理烹调，调整食品结构，注意食物的热量、营养等。改革配餐方式，发展基本配餐，开展药餐、营养餐研究，搞好营养性配餐、保健性配餐、医疗性配餐的供应，保障学生从食物中获得身体所需的热量和营养。

伙食的花色品种是否多样化，是评估一个食堂办得好不好的标准之一。增加花色品种要注意摸透就餐者的需要，加强采购员、厨师等各个工种的配合，多搞一些对路、合口、方便、有特色的食品。在保证基本品种的数量和特色的基础上，不断增加花样。要讲究烹饪技术，尽可能做到色、香、味俱佳，丁、丝、条、块搭配有致。

食品分量充足，价格公道合理，是学生吃饱、吃好的前提条件。我国大学生通过勤工俭学获取报酬的机会不多，伙食费主要依靠家长负担。大部分学生家庭又尚未达到小康水平，过高的伙食消费，学生家长承受不起。因此，学生食堂必须坚持以品种多样化为特色的方针，严格成本核算制度，堵塞漏洞，减少浪费，降低伙食成本，为学生提供质好量足、价廉物美的主食和菜肴，保证广大学生吃得起、吃得好。

（2）加强食品卫生。食品卫生是学生健康的保障。为了保证食品卫生，防止食品污染和有害物体进入人体，杜绝食品中毒事件的发生，学生食堂必须严把原材料的采购、贮存、加工、出售等主要环节。食品卫生从业人员要持证上岗，按卫生操作规程工作。坚持"五四卫生制度"，即由原料到成品实行"四不制度"：采购员不买腐烂变质的原料，保管验收员不收腐烂变质的原料，加工人员（厨师）不用腐烂变质的原料，服务员不出售腐烂变质的食品；成品（食物）存放实行"四隔离"：生与熟隔离，成品与半成品隔离，食品与杂物、药物隔离，食品与天然冰隔离；用（食）具要"四过关"：一洗，二刷，三冲，四消毒（蒸汽或开水）；环境卫生要做到"四定"：定人、定物、定时间、定质量；从业人员个人卫生要做到"四勤"：勤洗手、剪指甲，勤洗澡、理发，勤洗衣服、被褥，勤换工作服。同时，要严防患有肝炎、肺结核、皮肤病、痢疾、伤寒等疾病的人员从事饮食工作；饮食从业人员要掌握预防食品中毒的常识，饮食管理部门要制定预防中毒预案和具体措施，切实把好食品卫生安全关。

（3）搞好物资供应。物资供应工作是伙食工作的先行和保证，也是降低伙食成本、提高伙食质量的重要条件。根据许多学校的经验，搞好伙食物质供应关键要抓好两项工作：

一是自办副业，以副补伙；二是集中采购，保证需求。高校学生食堂应该充分利用自身的优越条件，开展一些效益较好的副业生产，如饲养猪、鱼，生产豆制品、糕点等，自产自销，价廉物美。所得收入用以补贴食堂伙食，同时适当增加炊事员收入，以调动他们工作的积极性，达到以副补伙的目的。

饮食管理部门集中采购各食堂需要的米、面、油、荤食、调味品、蔬菜等物资，要求采购人员及时了解市场信息，与供方形成合同供应关系，及时进行合同评审，做到货比三家，批量购入。既可以明显低于市场的价格供应给食堂，又可堵塞漏洞，减少运输消耗，保证物资质量。近几年来，物资集中采购的办法已在全国许多高校推广，取得了较好的管理效益。

（4）服务育人。学生食堂的服务对象是大学生，炊事人员和青年学生朝夕相处，他们的工作作风、服务态度不仅能够对学生思想、品格的形成产生潜移默化的影响，而且还会对他们的就餐情绪、食欲乃至消化吸收功能产生直接的影响，关系到学生的身体健康。从这个意义上说，学生食堂炊事人员承担着服务育人的光荣使命。为此，炊事人员应该牢固树立优质服务、服务育人的思想观念，做到态度和蔼，服务周到，举止文明，衣冠整洁，设身处地为就餐者着想，处处为就餐者提供方便。饮食管理部门还应努力优化学生的就餐环境，把餐厅布置得整洁、美观、明亮、舒适，激发就餐者良好的就餐情绪。总之，食堂炊事人员应以自己优质的服务、高尚的职业道德，给学生以良好的教育和影响，把学生食堂办成学校社会主义精神文明的窗口。

3. 办好学生食堂的基本条件和主要要求

（1）食堂管理费。食堂管理费是国家对学生伙食的福利性补贴，主要用于开支食堂职工的人头经费（含工资、奖酬金、各类政策性补贴等）、食堂职工福利基金、办公费用、维修费用、小型炊事设备和炊具购置费用。为了保证就餐者利益，学校应根据全日制学生实际人数，按年度核拨食堂管理费。学校应加强对食堂管理费的宏观控制，促使学生食堂合理使用管理费，充分发挥出管理费的经济效益和社会效益。

（2）食堂用房。根据国家规定，学生食堂用房应该包括餐厅、厨房、食堂办公室以及各类库房等。食堂每个学生的平均面积，500 人规模的学校 $1.61\text{m}^2/$人；1 000 人规模的学校 $1.41\text{m}^2/$人；2 000 人及 2 000 人以上规模的学校 $1.30\text{m}^2/$人。

学生餐厅应设置供学生轮流进餐的座位。500 人就餐规模的食堂座位数按就餐人数100% 设置；1 000 人就餐的按就餐人数的 90% 设置；2 000 人及 2 000 人以上的食堂按就餐人数的 80% 设置。学生食堂的通风、采光条件以及排烟、排气装置都应达到国家规定的标准。

（3）炊事设备。炊事设备机械化、现代化是提高工作效率和伙食质量的必要条件。学生食堂在动力设备方面，可添置蒸汽锅炉、蒸汽管道、鼓风机等；在运输设备方面，可配置货车、脚踏三轮车、平板车等；在冷藏设备方面，应根据学校规模建立冷库或配备必要的冷藏设备；在炊具设备方面，可配备一些常用的电动、机械炊具，如电烘箱、电传箱、电磨、和面机、馒头机、压面机、饺子机、绞肉机、切菜机、洗碗机、消毒机等。

在学校财力允许的情况下，学生食堂还可以引进一些现代化的炊事设备。浙江大学引进自动化流水线就餐供应系统，把现代化技术应用到伙食作业和管理工作之中，有效地提高了伙食质量和工作效率，大大减轻了炊事员的劳动强度，把伙食工作提高到一个新的水平。

（4）健全规章制度，加强食堂管理。食堂要建立和完善以下几个方面的制度：财务管理制度、设备管理制度、物资管理制度、劳动管理制度、安全管理制度、卫生管理制度、能源节约制度、岗位责任制度，并制定相应的条例。

（5）严格经济核算，降低伙食成本。为了降低伙食成本，保证学生吃饱吃好，食堂必须有严格的经济核算，减少消耗，杜绝浪费，精打细算，降低成本。

（6）深化伙食管理改革。最近几年，伙食管理改革在"规范化管理，标准化服务"方面取得了较大的进展，受到全国高校的普遍关注。"改暗补为明补"在不少高校全面铺开。

所谓"规范化管理，标准化服务"，就是把伙食工作看作一个系统工程，用明确的量化标准规定这个系统中所有环节的工作任务、质量要求和考核评估办法；工作人员定编、定岗、定责、定任务，其工作质量和效益与劳动报酬挂钩。

"改暗补为明补"也是伙食管理深化改革的产物。实践证明，这种将学校补贴学生伙食的管理费发给学生，将管理费打入伙食成本的办法，有利于控制学校的福利费外流，有利于使学生更直接地感受到学校的关怀，有利于促进伙食管理水平和伙食质量的提高。

坚持"服务育人"的方向，坚持深化伙食管理改革，是高校伙食工作不断前进的必由之路。高校后勤组织应该不断探索，努力把伙食管理工作提高到一个新的水平，更好地完成培育合格人才的光荣任务。

（三）安全教育管理

大学生安全教育管理是指以大学生自身、生活学习条件、环境为对象，以国家安全法律法规为依据，围绕安全、和谐、稳定等目标，进行一系列的检查监督、控制指挥等活动和制订传授有效的方法措施，为大学生完成学业提供保障的过程。大学生的安全管理，包括学校的安全管理和个人的安全管理。学校是真实社会的一部分，成员以缺少社会阅历的学生为主。社会有危险，学校不例外。目前，高校安全呈现出不稳定因素，安全隐患也很多。学生心智不成熟，内部环境日益繁杂，周边诱惑增多；学生内部盗窃案件频发，感情问题导致的案件屡屡发生。因此，大学的安全管理更为重要，大学生个人安全管理应该作为新课题纳入每个大学生的学习生活日程。

1. 高校安全教育与管理面临的挑战

（1）国内外形势的影响。

（2）后勤社会化和网络信息化的冲击。近几年，我国在高等学校后勤社会化改革方面进行了一系列的探索。目前，全国高等学校的后勤服务经营人员及其相应资源，大都已成建制地从学校行政管理系统中分离出来，组建了高校后勤服务实体。不过，从高校后勤改革的实践来看，各个高校后勤社会化改革的程度有很大的差异。在一些开放性大城市的高等院校后勤社会改革进行得非常迅速，如上海的经验和成效是较为突出的。由政府主持，上海高校按照市场法则和教育规律，采取高校后勤联合、吸引社会参与等方式，通过试点引路、整体推进、分步实施，使高校后勤机构与人员规范分离出学校，改变过去"一校一户办后勤，校校后勤办社会"的状况，初步形成教育系统联办后勤与协调组织社会力量办后勤相结合的新格局。后勤社会化改革打破了高校封闭、半封闭状态，对社会实现全方位开放。但是，由于缺乏改革经验，急于向社会化概念贴合，高校后勤服务往往是"一包了事"，更多的是强调市场化经营，追求经济效益，忽略了高校后勤的教育属性。同时，现有的后勤队伍在管理机制、人员素质、人员数量和结构等方面都较普遍地存在诸多问题，后勤复合型人才、知识型员工少，既懂教育规律又懂经济规律的人才奇缺，队伍整体素质偏低，严重制约着后勤社会化水平。此外，后勤提供的服务和学生的要求之间的差距，后勤集团和大学生之间的矛盾、摩擦、冲突也有所增加，从而为高校安全管理带来了新的麻烦。

由于网络功能的多样性，内容的广泛性，速度的快捷性等特点，大学生对网络产生了浓厚的兴趣，网络与学生的生活联系越来越紧密。但是他们不知道怎样保护自己，网络安全素质较差，网络带给学生的安全隐患也在增加。

随着我国经济社会的快速发展和高等教育改革的不断深入，高校学生的安全教育与管理显得有些滞后，致使学生安全事故呈逐年增加趋势。因此，增强学生自我安全意识和自我保护能力，塑造健全人格，自觉抵制各种不法侵害，营造安全的育人环境，是当前高校教育工作中一项重要而迫切的任务。

2. 高校安全教育与管理的对策与实施

（1）安全教育与管理的理念转变。转变观念，增强责任意识。安全教育与管理的重要途径就是培养安全责任意识，最好的办法就是让学生学习安全知识。有了安全意识，学生就可以在日常生活中避免许多安全问题的发生。高等学校要切实履行维护学生安全的职责，加大投入，落实各方面的安全措施，保证学生安全。

（2）设置大学生安全管理机构。大学生的安全管理范围很大，不是哪个单一职能部门可以承担并能控制的。例如，治安、消防等的安全属于保卫部门；学业、生活、饮食等的安全则需要学生、后勤、保卫等部门协作；交通安全则使各个部门难以具体负责。各种安全都需要个人掌握技能自觉保护自己，技能训练难以在课堂进行，而团委、各个系的学办、学生会更适合组织完成。因此，大学要完成对学生的安全管理，应该建立一种"学生安全委员会"，下设专门的负责机构，协调各个方面的力量。建立学生安全员机制，安全员与学生会成员具有同样的职能，定期开会和不定期的及时反馈相结合，实现对安全隐患的预防和控制。

（3）安全教育与管理的执行加强。弘扬法治，加强普法教育宣传。当代大学生，既要学好专业知识，还要学好法律知识，以提高自己的整体素质；既要在别人侵犯自己权益的时候善于拿起法律武器进行抗争，也要在日常的学习工作中遵守国家法律法规和学校的规章制度。在对学生进行安全教育时，要善于利用发生在学生身边的案例、事故进行教育，这样更具有说服力和影响力。

提高认识，加强队伍建设。要形成有校领导负责的安全教育与管理的队伍，协调各方面关系，调动整合多种资源，涵盖校园安保人员、宿舍管理人员和学生工作辅导员以及学生骨干力量，也要包括学校所在辖区的民警。要提高管理人员的业务素质，保证管理制度的全面落实。管理者在工作中不仅要敢于管理，而且要善于管理，要引导学生树立主人翁精神，发挥学生自我管理、自我服务、自我教育的良好作用。同时，管理者要针对学生的特点，自发地组织各种形式的安全教育宣传活动，不断提高广大学生的安全意识，自觉维护校园治安秩序，形成学生自我参与、自我管理的工作体系。

第七章 国际视野下我国高校学生管理事务的发展趋势分析

随着社会的发展，科学技术越来越发达，网络越来越成为人们生活中不可或缺的部分，再加上高等教育改革的不断深入，高校的学生也不断呈现出新的特点。在这样的新形势下，我国高校学生管理事务面临着新的发展趋势。本章将对我国高校学生管理事务面临的机遇与挑战、国外高校学生管理事务对我国的启示和借鉴、国际视野下我国高校学生管理事务的革新进行系统的阐述。

第一节 我国高校学生管理事务面临的机遇与挑战

改革开放以来，伴随着我国经济的快速发展，社会各方面都产生了极为深刻的变化，高校学生管理事务所处的环境也在不断地发生变化，这些变化在为高校学生管理事务带来发展机遇的同时，也使其面临着前所未有的挑战。下面将对网络信息技术的发展、高等教育国际化、高等教育市场化、高校生的新变化、高校后勤社会化改革、小康社会与和谐社会战略目标的确立带来的机遇与挑战使我国高校学生管理事务面临的机遇与挑战进行详细的分析。

一、网络信息技术的发展带来的机遇与挑战

（一）网络信息技术的发展带来的机遇

以互联网为标志的现代化信息网络，被誉为人类文明史上的第三座里程碑，其高速发展将人类带入信息社会。在当前的信息社会，各种层出不穷的先进信息技术在人们的现实

生活活动之外凝结了一个虚拟的空间，在这个公共空间里，大量的信息汇集，人们可以自由地进行交流，信息得到了最大限度的传播。这对高校学生管理事务来说，极大地延展了管理的时空界限，也为高校学生管理事务的现代化提供了广阔的技术平台，并促使高校学生管理事务将网络信息技术的应用与促进学生学习和个人发展的使命结合起来。

网络信息技术正逐步成为高校学生管理事务快捷、有效的现代化手段，学生管理事务工作的很多步骤和功能都可以借助网络实现。通过对学生信息的采集、分类、整理、传递、存储、加工、分析、使用，能及时了解和把握学生的思想动向和关注热点，并对相关信息对象进行预警提示和干预调整，增强高校学生管理事务的感染性和针对性，并使高校学生管理事务跨越时空障碍，从周期长、效果反馈慢转变为即时性较强、周期短、见效快，并日益朝着管理的自动化、决策的科学化、服务的网络化迈进。

（二）网络信息技术的发展带来的挑战

网络信息技术的发展和广泛应用为我国高校学生管理事务带来了极大的挑战，具体体现在以下几个方面。

第一，网络信息时代的开放性、平等性，冲击着我国高校学生管理事务的传统体制。在互联网出现以前的相当长的历史时期内，教育者主要依靠信息差的优势来教育学生，对信息的垄断可以说是权威的有力象征。它在高校学生管理事务中的反映，就是管理人员是权威者，管理职能主要停留于封闭式的约束、控制、规范上。而今，在信息社会，互联网的出现和扩大则打破了这种管理者对信息的垄断及由此衍生的集权控制。教师不再是知识的垄断者，在学生面前不再是知识的权威，教师的地位由权威者向平等者、由传授者向求知者转变。它要求高校学生管理事务应由传统的自上而下的单向灌输和学生的被动接受的方式，转变为双向、多向的直接交流和互动。

第二，高校学生网络成瘾综合征的出现与网络信息的良莠不齐，增添了我国高校学生管理事务富有挑战性的新内容。网络信息技术是一把"双刃剑"，它在变成全球的力量的同时，正开始染指人类历史的根基，向人类历史注入极不稳定的因素。

第三，网络极大程度上改变了人们获取信息的方式和总量。需要注意的是，人们虽然可以借助网络获得大量的有用信息，方便人们的学习和生活，但是，网络中也存在着各种各样错误的、落后乃至有害的信息和价值观念。如果大学生没有很强的辨别能力，很容易受到精神垃圾的干扰和侵蚀，造成思想观念上的偏差。除此之外，网络的虚拟性也使得学生容易淡化已有的道德观念和法律意识，更严重的会诱发学生的犯罪行为。

可见，如何预防和戒除高校学生网瘾、提高文化的选择能力以化解网络带来的负面效应，已成为高校学生管理事务必须面对的一个新课题。

二、高等教育国际化带来的机遇与挑战

高等教育国际化，即一国高等教育面向国际发展的趋势和过程，是把国际的、跨文化的观念和氛围与高校教学、科研和社会服务等诸项功能相融合的过程。在我国，随着高等教育步入国际化轨道，高校的办学水平、人才培养规格都日益受到国际化标准的衡量和影响。高校学生管理事务所处的环境、面临的形势和承担的任务也因此发生深刻的变化。

（一）高等教育国际化带来的机遇

高等教育国际化有利于加快我国高校学生管理事务理念和管理方式的变革。

为适应高等教育国际化趋势，我国高校在与发达国家高等学校的交流与竞争中，学生管理事务将逐渐步入国际化轨道，人才培养的规格、管理体制、管理思想、管理方式、管理水平的评价等都日益受到国际化标准的衡量和影响。同时，多元文化日益成为大学校园文化的一种基本特征，多元文化的交互大大提高了高校学生管理事务的弹性和开放性，一定程度上提高了学生个体在多元文化环境中生活和学习的适应能力。此外，在高等教育国际化背景下，我国高校中外合作办学事业应运而生、蓬勃发展，中外合作办学机构迅速增多。

随着高等教育国际化的发展，我们应该用世界眼光、战略思维来重新审视以往的学生管理事务思路、管理格局、管理经验和方式方法，这要求高校的学生管理事务者不断寻求不同学科知识、不同思维方式、不同工作方法的共振和整合，实现学生管理事务方式方法的现代化、管理模式的科学化。

（二）高等教育国际化带来的挑战

首先，在高等教育国际化背景下，不同高校在多元文化交汇的环境中，如何坚持和倡导主流文化，形成自己的文化特色面临着新的挑战。

其次，在高等教育国际化背景下，高校如何使多元文化能够融合并进面临着新的挑战。在高等教育国际化发展的今天，各国的教育交流越来越多，学生之间、教师之间、学生与教师之间的多层面交流使校园文化充满多元化，建立跨文化的学生管理事务模式，从而使各种文化形态都能在校园内和谐生长、共同进步，培养出各具风采、富有个性的大学生，成为当前高校学生管理事务面临的新课题。

最后，在高等教育国际化背景下，高校如何提高学生在不同文化背景下交流与合作能力面临新的挑战。

在高等教育国际化背景下，我国高校培养的学生将是中国政治经济、文化参与国际交流与竞争的骨干力量。随着全球经济一体化趋势的日渐明显，高校人才培养目标的国际化、人才衡量标准的国际化是高等教育必然面临的现实。

三、高等教育市场化带来的机遇与挑战

高等教育市场化不是绝对的私有化，也不是绝对的公有化，而是一个引入市场机制，使高等教育机构更具竞争性、自主性和广泛适应性的过程。它是指高等教育在市场经济条件下，依据市场运作的机制和规律，重构其管理体制、运行机制和控制体系等管理系统，调整和修正高等教育与社会其他组织的关系，将高等教育逐步改造成为市场经营主体的一种行为过程和趋势。它是解决政府举办高等教育的沉重负担和提高办学效益的一种新的举措和尝试，旨在提升高等教育的效率与品质，增强国家在国际的竞争能力。

在我国，在高等教育领域推行市场化将促使高等学校系统从权力分配、管理运作到教育内容安排等全方位的再建构，从而引起高校学生管理事务的重大变化。

（一）高等教育市场化带来的机遇

高等教育引进市场机制，实现资金来源多元化，可以优化高校学生管理事务资源配置，为学生管理事务实施一流服务提供客观条件。

伴随高等教育市场化的推进，高校作为市场的主体参与竞争，各高校之间、普通高校和民办高校之间在生源、就业市场等方面的争夺日趋激烈。学生管理事务水平的高低是衡量培养高素质学生的重要因素，学生素质的高低决定学生在学业完成后能否充分就业，而能否充分就业又对学校的生源形成直接影响。良好的学生管理事务运行需要大量的现代设施和设备、需要足够的财政经费的支持。因此，在激烈的市场竞争面前，各级政府与各个高校都更加重视学生管理事务，并加大了对高校学生管理事务经费投入，积极改善学生管理事务的硬件和软件条件，以营造良好的管理环境。

另外，在高等教育市场化进程中，高校学生管理事务机构也可以吸收和利用外部资源。在美国这样高度成熟的市场社会里，纳入学生服务范围的事务通常按照市场规则和市场规律、采取合理收取学生事务专项杂费的方式。

自改革开放以来，我国社会财富有了显著增长。高校学生管理事务机构可以依托我国素有尊师重教的优良传统，充分利用自己的社会资源（校友、朋友、学校声誉、国家政策等）面向社会寻求资金和资源支持，如设立奖学金、学生活动、设备等项目经费捐助、无偿让学生使用企事业单位相关设施和仪器，支持学生进行社会实践活动等，从而改善学生管理事务的物质条件。

（二）高等教育市场化带来的挑战

高等教育市场化的推进，对高校学生管理事务已有理念、体制与模式带来巨大的冲击与挑战。

在高等教育市场化条件下，学生不仅是单纯的受教育者，而且是"经济人"，成了教

育的购买者、委托方，成了自己利益的直接代言人。作为高等学校的"公民"和顾客，大学生既是投资者又是消费者。作为学校来说，提供优质教育和服务，满足学生和家长的教育需求成了中心工作，学校必须通过提高办学效率、降低办学成本、扩大社会影响、注重社会对人才的需求、提供优质服务，提高人才的社会竞争力，吸引优质生源。可见，高校学生管理事务能否为学生提供良好的服务，最大限度地促进受教育者的身心素质的发展，已成为高校学生管理事务突出的现实挑战。

市场经济的成本、效益和竞争等游戏规则，必然要求高校学生管理事务强化服务意识，拓展工作内容，建立起符合市场经济发展要求的学生管理事务服务机制，并在服务中实现引导，在满足学生需求的同时实现教育管理目标。因此，高校必须改变原来的学生管理事务的着力点，从过去管理学生为主，转到为学生服务、为学生提供帮助、为学生解决困难为主上来。学生管理事务的根本任务是为学生成长成才提供最大优质服务，为学生的个人发展搭建平台。高校学生管理事务必须从学生需求出发提供服务指导，学生事务服务应逐步形成相对独立的工作领域，并在机构设置上体现为专门化，在功能上体现为综合化，在人员构成上体现为专业化。

四、高校学生的新变化带来的机遇与挑战

当今的大学生是伴随我国的改革开放而成长起来的一代，社会经济的高速发展、各种思潮的不断涌入、互联网等高科技媒体的蓬勃发展、社会转型期文化意识的强烈震荡、高等教育改革的日益深入，在这样的时代背景下，高校学生群体自身出现了前所未有的新变化、新特点，这些变化与特点对高校学生管理事务产生的影响可谓利弊共存。

（一）高校学生的新变化带来的机遇

改革开放以来，高校学生发生了可喜的变化，这在无形中增强了高校学生管理事务者的信心，进而促进高校学生管理事务的更好发展。

改革开放以来，我国的经济得到了快速的发展，政治形势逐渐稳定，综合国力越来越强，由此国际地位也得到了很大的提高，在这样的大背景下，我国的高校学生具有较强的政治觉悟和社会责任感，人生价值取向积极向上，务实进取，有较强的竞争意识和自强精神。此外，随着社会竞争日益加剧以及受社会多样化趋势的影响，大学生更加注重自身素质和个性发展，参与社会活动的热情增加，许多学生在重视专业知识学习的同时，乐于从事一定的社会活动以提高自己的能力。总之，当代大学生胸怀远大理想，勇于自立自强，乐于接受新生事物。与此同时，他们身上的独立性、多元性和差异性也越来越突出，这些都在一定程度上会增强高校做好学生管理事务的信心。

（二）高校学生的新变化带来的挑战

当代高校学生由于受各种因素的影响，出现了一些值得高校学生管理事务重视的新变

化、新特点。这些都对高校学生管理事务产生了一定的挑战。

1. 学生成分复杂化

我国高等教育大众化进程的迅速推进彻底打破了精英时代办学模式单一、学生种类单一的局面，使高等教育的办学层次更加丰富，学生种类多样化。很多高校多层次、多形式、多校区办学，同一学校有本专科生，也有研究生；有公办学生，也有民办二级学院学生；不同校区学习生活条件和校园文化氛围不一样。同时，2001 年国家取消高考年龄、婚否等条件的限制，已婚育龄学生越来越多，高校学生将由不同年龄结构、成就取向、生活阅历等多层次的人员组成。同一教室上课的学生生活阅历大相径庭，他们的世界观和人生观层次不一样，他们对自我的要求意识和学习的目的性就呈现出多种不同的层次。此外，我国独生子女、单亲家庭子女、贫困家庭子女等比例也日趋增多。由于上述变化，使高校大学生群体存在着层次性，学生的需要目标也是多层次的，因此高校学生管理事务需要设立各种不同层次的目标激励和满足学生的不同要求。

2. 学生价值观多元并存，并日趋务实

从价值观角度来看，在当前改革开放和发展市场经济的新形势下，当代高校学生价值观发生了历史性转变。由一元价值观信仰转向多元价值观信仰，出现了多种价值观并存的格局，价值及价值观的相对性和层次性显著增强；由以理想主义为基本特征的价值取向转向务实求真的价值追求；由重义轻利的传统价值观转向利义并重的现代价值观；由过去的集体本位价值观转向重视个人利益、权利和权益的价值观。而且随着改革开放的不断深入，越来越多的大学生自主、竞争、公平、效率等时代意识增强，开始追求进取务实的价值选择。这些变化要求高校学生管理事务应更具说服力。

3. 学生压力增多

从中国的社会和文化特点来看，大学生是一个承载社会、家长高期望值的特殊群体，自我定位比较高，成才欲望非常强，承受力又弱，挫折感强。这种特殊的成长经历又形成了其他国家少有的大学生群体特殊的精神、情感等特殊问题。在新的社会条件下，高校学生面临着学习压力、经济压力、就业压力等。

4. 生源上的贫富差异

贫困学生的生活、学习问题，能否顺利完成学业、就业、学生中消费水平的贫富差异及由此引发的思想问题已经成为当前高校不可忽视的重要问题，也日益成为影响高校校园稳定的重要问题。

总之，随着高校办学的社会环境不断变化，高校内部管理体制改革的不断深化及高校学生群体素质、观念、思想状况的变化，高校学生管理事务的内涵也在不断变化，时代赋予高校学生管理事务新的功能，也对其提出了更高的要求。

五、高校后勤社会化改革带来的机遇与挑战

所谓高校后勤社会化，就是将后勤的服务经营活动从学校事业管理体系中分离出来，通过分流与重组，纳入社会主义市场经济体制，剥离学校办社会的职能，建立由政府主导、社会承办、学校选择的满足学校办学需要的、社会化的后勤第三产业和社区服务体系。它的逐步推行使我国高校学生管理事务面临许多新的机遇与挑战。

（一）高校后勤社会化改革带来的机遇

高校后勤社会化改革打破了制约高校发展的瓶颈，促进了高等教育的迅速发展，也使高校学生管理事务迎来了新的发展机遇。

从 2000 年起，全国绝大部分地区逐步推行高校后勤社会化。它使高校改变了后勤服务模式落后、后勤改革滞后、后勤负担沉重的状况，实现了高等教育办学模式的重大转变，为高等教育的发展提供了坚强的物质保证和动力支持。尤其是实行后勤社会化改革，投资的企业和社会集团进入学校参与管理，逐步实现了后勤的社会化、管理的企业化、运作的市场化和商品的服务化，学生的学习、生活条件都得到了改善，为加强学生管理事务创造了许多有利条件和机遇。

（二）高校后勤社会化改革带来的挑战

高校后勤社会化改革的逐步推行使学生管理面临许多新问题和新挑战。高校后勤社会化改革，彻底打破了学校与社会之间的围墙，促使大学生的生活环境社会化，学生管理事务体制逐步从以学生班级管理为主转向以学生社区管理为主，它在一定程度上促使学校减少了对大学生行为的约束力。而一旦校园封闭式的生活习惯被打破，学生的社交、娱乐、学习、社会工作便会逐渐走出校园、走向社区和走向社会，各种社会问题也会涌入校园。因此，传统单一的学生管理事务机制已无法面对和解决高校后勤社会化改革带来的各类新问题和挑战。

第二节　国际视野下我国高校学生管理事务的革新

没有创新，就没有进步，也就没有发展，在新时代各种机遇和挑战面前，我国高校学生管理事务要想得到切实的发展，就必须进行革新，展望未来，我国高校学生管理事务将呈现出如下的革新趋势。

一、高校学生管理事务人本化

(一) 高校学生管理事务人本化的必要性

高校学生管理事务人本化指的是在管理事务的过程中，要坚持以学生为本，坚持所有的管理与服务都围绕学生展开，对于学生的个性发展给予足够的空间和支持，尽可能地发掘出每一位学生的潜能，给他们创造良好的成长学习环境，为他们的全面发展奠定坚实基础。

高校学生管理事务人本化不仅是当前高校学生管理改革提出的时代要求，也是符合高校学生管理发展演变的内在规律的，人本化是新时期的一种趋势，高校学生管理事务化有利于我国高校学生管理事务模式的转型发展和可持续发展。

(二) 高校学生管理事务人本化的具体表现

第一，实现高校学生管理事务人本化，就是要求学生管理事务凸显学生的主体性作用，确立促进学生的主体性发展的管理模式。

第二，实现高校学生管理事务人本化，就是要求学生管理事务突破"以教师为中心"的传统管理理念，树立"以学生为中心，以服务为本位"的新理念。

高校学生管理事务人本化是一种以学生为中心的管理思维方式与文化价值取向。它具体体现在高校学生管理事务中一切尊重学生（需要、个性、能力），一切依靠学生，一切为了学生和一切服务于学生。充分尊重与满足学生个性发展的愿望和要求，为学生提供成长成才的良好服务与环境，最大限度地发掘每一位学生的发展潜能，实现每个学生的全面和谐发展。

二、高校学生管理事务民主化

(一) 高校学生管理事务民主化的必要性

民主是现代社会进步的重要标志，民主化是现代教育的发展趋势。高校学生管理事务民主化是指高校学生管理事务遵循民主化原则，实现管理程序、管理手段、管理方式等民主化的过程。它是高校学生管理事务发展本身的要求，也是高校学生管理事务实现善治的基础。

如今，以启发、弘扬和发展人的主体性为主体的教育思想的系统变革正使高校学生管理事务的学生观发生着悄然的变化，学生是学生事务的直接承担者，是学校各种与学生有关的决策的执行者，也是学生事务治理的主体之一。推进学生参与和学生自治不仅是高校民主管理的要求，也是高校学生管理事务实现善治的现实基础。

（二）高校学生管理事务民主化的具体表现

高校学生管理事务民主化具体表现在如下三方面。

第一，要明确学生是高校学生管理事务的出发点和归宿，确立学生的权利与学生参与的原则与范围。

第二，应建立对话协商制度，增强高校管理层与学生双方的责任感，并促进双方相互了解、相互尊重，通过协商来解决冲突与矛盾。

第三，进一步完善高校学生申诉制度。虽然我国已出台了一些关于学生权利救济机制的规定，但还需在一些方面予以改进，如建立完整的学生申诉体系；建立一系列与申诉制度有关的其他制度，如申诉过程应采取司法程序中的回避制度、听证制度、陪审团制度；逐步实现高校学生申诉制度的程序公正等。

总之，高校学生管理事务民主化已是世界高等教育管理发展的一大趋势，并将很可能成为全球大学的共同特点之一。

三、高校学生管理事务专业化

高校学生管理事务专业化的过程就是提升高校学生管理事务者职业群体社会地位的过程。可以说，它不仅是大势所趋，更是使我国高校学生管理事务解除痼疾、步入新台阶、获得新发展的必由之路。其发展主要体现在如下五个方面。

第一，理念是行动的先导。要坚信学生管理事务专业化实现的客观必然性，前瞻学生管理事务的动态和专业化发展趋势。高校学生管理事务转变观念，形成正确的认识和科学定位，是实现其专业化发展的关键。

第二，学科化是实现学生管理事务专业化的基础。在高校设立学生管理事务的专业及学科，不仅可以为这一职业领域的研究者和实践者提供学术研究和理论探讨的平台和空间，推动学生管理事务的理论研究和学术水平，而且可以通过学科培养来发展从业人员的专业知识与技能，为学生管理事务水平在"质"和"量"的提高上创造条件。

第三，管理工作岗位的职业化是实现学生管理事务专业化的前提。

第四，队伍专业化是实现学生管理事务专业化的保证。

第五，工作内容、制度体系的科学化是实现学生管理事务专业化的根本。

总之，未来高校学生管理事务模式的建立，必须以专业化发展作为发展的重要根基及前进的指示标，必须通过树立科学认识、构建知能体系、推动学科建设、强化制度建设、加强队伍建设、拓展工作领域以及组建专业组织等方式和途径，努力推动我国高校学生管理事务走上专业化的发展道路。

四、高校学生管理事务信息化

（一）高校学生管理事务信息化的必要性

高校学生管理事务信息化是指在高等学校学生管理事务的过程中，借助丰富的信息资源和高超的技术手段，对学生管理事务的规范化、标准化的信息进行及时的处理和共享，借以改进管理组织结构，改善管理运行机制，使得学生管理工作在便利性、高效性、科学性方面都得到极大的提升，进而实现高校学生管理事务目标的系统建设。

21 世纪是信息化的时代，网络技术的快速发展让当今世界变成了一个小小的地球村，信息化已经成为各个行业不可避免的趋势，在教育行业自然也不例外，教育信息化已成为世界各国教育改革的重点，学校是否建立了校园网站，或校园网站所提供的信息类型和服务项目，甚至校园网站本身设计技术的优劣、网页界面的美观与否，已然成为衡量一所学校校园信息化程度和社会声誉的一个重要标志。高校学生管理事务信息化也将成为我国高校学生管理事务体系中不可缺少的重要组成部分。

（二）高校学生管理事务信息化的具体表现

未来我国高校学生管理事务必将通过信息化建设，建立起学生管理信息平台，包括教学文件管理、教学计划管理、招生管理、选课管理、学习成绩管理、课程编排、教室调度、考试管理、考试试卷和分析、教材管理、教学评估、课程评估、毕业分配、档案管理等子系统，覆盖学生管理的所有领域，为实现对学生管理事务工作的整体监督和管理提供强有力的信息支持，并通过学生管理信息平台的功能模块化，从而使信息平台的功能更紧密地结合实际工作，从而创造出有时代特色的学生管理事务，展示出学生管理事务信息化的新风貌。

五、高校学生管理事务和谐化

（一）高校学生管理事务和谐化的必要性

和谐一词，蕴含的意义十分丰富，包括政通人和、和衷共济、内外和顺、和睦相处、协调有序等。高校学生管理事务和谐化是指使高校学生管理事务组织各要素间的关系处于一种相互融洽状态的实践活动。其内涵在于要素与要素、要素与系统、系统与环境之间关系的协调、力量的平衡、过程的疏通、争斗的扬弃、性能的优化。主要包括和谐的学生管理事务目标确定、和谐的学生管理事务方式创设、和谐的学生管理事务队伍建立、和谐的师生关系构建、和谐的学生管理事务环境营造等内容。

从整体上来看，高校学生管理事务是一个融合了多种因素的有机集合体，学校是一个复杂的系统，里边包含着人、财、物等各方面的因素，这些因素之间互相联系、制约，在各自的层面各自发挥作用。依靠管理事务，可以将这些因素结合起来，进行搭配合作，构建和谐均衡的整体。

（二）高校学生管理事务和谐化的具体表现

高校学生管理事务和谐化具体表现在如下方面。

第一，确定和谐的管理目标。目标是管理的起点，也是管理的最终目的，更是最重要的战略决策，它规定着管理活动的方向。因此，高校学生管理事务要实现和谐化，首先就要确定和谐的管理目标，做到学生管理事务目标与高校育人目标的统一，学生管理事务总目标和分目标的协调、学生管理事务系统内部结构、目标、使命的和谐一致，力求学生管理事务与学生成长的和谐，力求学校服务与学生需求的和谐。

第二，创设和谐的管理方法。实施高校学生管理事务和谐化，就是要对管理进行不断的更新，对管理制度进行不断的完善。只有改变高校学生管理中存在的陈旧、单一的教育和管理方法，进行方法创新，才能使学生管理事务方法符合青年学生的实际情况，符合高校学生管理事务内容的实际情况，从而取得良好的管理效果。

第三，建立和谐的管理队伍。高校学生管理事务和谐化需要和谐的管理队伍，它要求高校不仅要着力提高学生管理事务者的素质和专业水平，而且要注意优化管理队伍的结构，使其达到均衡。

第四，构建和谐的师生关系。学生管理事务工作是一项极为复杂的工作，其中主要牵涉的对象就是学生管理事务者和学生，学生管理事务者与学生双方相互影响，他们之间的关系如何，会对管理和教育的过程与结果产生很大的影响。可以说，以师生关系为主的学校人际关系的和谐是实施高校学生管理事务和谐化的必备条件。

第五，营造和谐的管理环境。高校学生管理事务环境是指对学生管理事务产生影响的内部和外部的各种环境因素的总和。学生管理事务环境是学生管理事务系统存在与发展的条件。要加强高校学生事务部门与学术事务部门的合作，为学生建构一个良好的学习环境，它可以使教室内与教室外、学术性与非学术性、课程与活动、校园内与校园外的经验融为一体。

参考文献

[1] 李欣，张国锦. 美国高校"以学生为中心"的国际学生事务工作特色及对我国高校国际化的启示——以麻省大学波士顿分校为例 [J]. 教育现代化，2018，5（18）：144－145＋149.

[2] 刘洁予. 美国高校国际学生事务管理的经验与启示 [J]. 高校辅导员，2017（05）：76－79.

[3] 张璐阳. 学校治理与学生管理：当代高校学生事务管理的革新向度 [J]. 华东纸业，2022，52（02）：104－106.

[4] 曹广莹. 美国高校学生事务管理特征及启示 [J]. 黑龙江科学，2021，12（03）：62－63.

[5] 秦文正. 中外合作背景下高职院校学生事务管理国际化路径研究 [J]. 浙江纺织服装职业技术学院学报，2021，20（01）：79－85.

[6] 胡志霞. 美国高校学生事务管理研究进展（2010－2019）[D]. 郑州大学，2021.

[7] 姚远. 新时期高校学生事务管理工作研究 [J]. 吉林农业科技学院学报，2018，27（02）：67－68＋120.

[8] 宋广军. 美国高校学生事务管理的经验及启示 [J]. 学校党建与思想教育，2018（09）：93－95.

[9] 葛琳琳，钟俊生. 美国高校学生事务管理构架、特征及启示 [J]. 现代教育管理，2016（01）：124－128.

[10] 孙天舒. 我国高校学生事务管理研究 [J]. 现代经济信息，2018（21）：355＋357.

[11] 符娟明. 比较高等教育 [M]. 北京：北京师范大学出版社，1987.

[12] 肖远军. 教育评价原理及应用 [M]. 杭州：浙江大学出版社，2004.

[13] 庄锡昌. 多维视野中的文化理论 [M]. 杭州：浙江人民出版社，1987.

[14] 陈晓曦. 浅谈中美高校学生事务管理工作异同 [J]. 当代教育实践与教学研究，2018（05）：96－97.

［15］袁勇．高校学生事务管理思考与模式创新的相关研究［J］．课程教育研究，2017（52）：232－233．

［16］郭晓春，国际化背景下高校学生事务工作的科学发展路径［J］．思想教育研究，2012（01）．

［17］王传中，彭启智．加强学生工作国际化推动高等教育科学发展［J］．中国高等教育，2011（05）．

［18］段长远，赵国锋．高校学生事务管理工作研究［M］．银川：宁夏人民出版社，2008：485．

［19］罗忆南，李勇男．高校管理创新与实践［M］．北京：新华出版社，2014：172．

［20］陈春莲．基于认知理论的新时期高校学生事务管理模式研究［M］．武汉：武汉大学出版社：青年学者文库，2016．

［21］贝静红．高校辅导员队伍专业化发展研究［M］．武汉：武汉大学出版社，2016：254．